Antuhel

Energía Cósmica y Alquimia

Complot Angélico para tu prosperidad y felicidad. ¡Atrévete a conspirar!

Energía Cósmica y Alquimia

Antuhel

Primera edición, agosto de 2005: 2000 ejemplares.

Editado por:
Ediciones Giluz
ISBN: 980-6114-369-068-X
Depósito Legal: lf57520051501675

Distribuidora Gilavil, C.A.
Apartado Postal 51.467, Caracas 1050, Venezuela
Tel: ++58 (212) 762 49 85
Tel/Fax: ++58 (212) 762 39 48

E-mail: ConnyMendez@Metafisica.Com
www.metafisica.com

Diagramación de textos: Diego Gil Velutini.

Impreso en Venezuela
Printed in Venezuela

Antuhel

Energía Cósmica y Alquimia

Complot Angélico para tu prosperidad y felicidad. ¡Atrévete a conspirar!

Ediciones Giluz
Bienes Lacónica, C.A.
Distribuidora Gilavil, C.A.
2005

«Señor: Concédeme el coraje para cambiar aquello que debo modificar, la serenidad para aceptar las cosas que no puedo cambiar y la sabiduría para reconocer la diferencia.»

REINHOLD NIEBUHR

A la memoria de mis inolvidables padres, Pedro y Benilde, todo amor; a mi queridísima esposa Trina Genoveva por su valioso e incondicional apoyo; a mis hijos Antonio José, Pedro Luis, Rubén Darío y a mi nieta finlandesa Hertta Kaisa Ninoska.

Agradecimientos

A los Ángeles quienes, con su presencia, me inspiraron, impulsaron y guiaron para la realización de este libro. A los autores reseñados en la bibliografía sugerida, quienes con su conocimiento enriquecieron las ideas aquí expresadas. A Gilberto González, Yelitza López, Cristina Ramírez, Ramón Alberto Tortolero y a quienes con su ayuda hicieron posible este trabajo. A las personas que con su testimonio me ayudaron a ilustrar cómo las enseñanzas espirituales se proyectan o se materializan en nuestra realidad. Por último, a todos aquellos que a través de la recomendación boca a oído, faciliten la difusión de estos humildes pero sinceros mensajes.

Me sentiré satisfecho si estas líneas, hechas con gran amor, sirven para saciar la sed de conocimiento de muchos hermanos o si de esta manera, puedan operar como medio de conexión entre los lectores y las divinidades angélicas.

Prólogo

Confieso que durante mi vida los ejercicios fundamentales a los que me he dedicado han sido, entre otros, la lectura y la escritura. De la primera sólo puedo afirmar que la biblioteca es infinita y puebla el orbe con las palabras y obras de los hombres. La espiral mística formó mi pensamiento durante más de tres décadas. Algunos autores me marcaron y continúan haciéndolo. De esa infinita espiral ha surgido el New Age, la Nueva Era. Era urgente, culturalmente hablando, revisar los acontecimientos del proceso mundial, no sin antes revisarse. Aparecieron muchos libros, unos muy buenos y otros no tanto. Muy pronto el paisaje de libros de autoayuda saturó el mercado editorial y los lectores obtuvieron más bien una visión caleidoscópica, plural y cambiante —sin dejar de ser la misma— de la Trascendencia o, si se prefiere, de Dios. André Glucksmann hace poco escribió un libro, *La tercera muerte de Dios*. La primera en la cruz, la segunda por Marx y Nietzsche, y la tercera por nosotros mismos quienes, como insiste el autor, *le hemos negado su espacio*. En efecto, Dios no ha muerto sino para quienes lo relegan a la esquina del poder material que esclaviza a los hombres. Los ejemplos sobran.

Existen dos premisas esenciales en los libros de autoayuda. El primero es cómo decir lo que se tiene que decir sin ser críptico, o sea, exponer de una manera pedagógica. Esto sólo es posible si quien escribe, más que haber leído, ha vivenciado el mundo que desea transmitirnos. Lo segundo se trasparenta en lo primero: hay que saber escribir para traslucir con sencillez el océano de lo invisible. Pocos lo logran. No así Antuhel. El libro que hoy prologo se convirtió en semilla para una amistad tan consistente como lo son el autor y su obra. En efecto, es uno de los pocos hombres en este servicio a la humanidad que no se halla disociado de su manera de ser y actuar. *Energía Cósmica y Alquimia* fundan una palabra viva, resultado de la experiencia solidaria del esfuerzo consciente y una fe inquebrantable como pocas me ha tocado observar.

Si insisto en el cómo decir es porque la sabiduría perenne por definición no añade nada nuevo porque de Dios se puede decir todo excepto que adolece de un atributo novedoso o algún adjetivo pendiente y recién descubierto. Antuhel se prodiga mucho en sus páginas de la palabra «óptica» y no sin razón. Ha decantado cada palabra al punto que otra muy difícilmente la sustituya. Esto lo ha logrado gracias a un desarrollo progresivo de la intuición o, con otras palabras, en la profundización de sí mismo. Habla de lo que ha visto, no de lo que *desearía* ver y ésta, en mi opinión, es la clave del porqué este libro es diferente de los otros.

Antuhel confiere a la energía el sentido de una clave, si bien múltiple como la vida, dada a todos por igual. Al mismo tiempo nos deleita incitándonos a derribar las ficciones del ego para que dicha energía fluya, constituyéndose en estos tiempos en una extraordinaria mutación análoga a la de los alquimistas y su piedra filosofal. No debe extrañarnos que los ángeles sean formas energéticas alojadas en círculos concéntricos. Que todos poseemos la facultad de acceder a ese mundo, el verdadero y único mundo, dejando de lado las fantasías egoicas, sin renunciar a lo que sanamente nos pertenece como psiconautas o viajeros del alma, es el objetivo crucial de Antuhel. La espiritualidad no está reñida con una casa y un automóvil decentes. Lo contrario sería involutivo e inhumano. La lección de Antuhel no puede ser más clara: desea que seamos lo que hemos olvidado, seres humanos hermanados en la prosperidad y la seguridad de que formamos un todo indisoluble —de allí la importancia del perdón y perdonarse— y evolutivo, que la mecánica materialista ha aplastado con las consecuencias padecidas por todos —alejándonos de la Divinidad— y pagando el precio de la desolación y el aislamiento.

Deseo celebrar el nacimiento de un escritor que, a diferencia de muchos, si tiene que decir. Asimismo, el encantamiento de sus palabras (venidas sin duda alguna de la inspiración divina) es el equilibrio imperativo para combatir el pesimismo cotidiano y las dudas sobre la fe. La incandescencia del verbo de Antuhel no pasará inadvertida por todos aquellos que tengan oídos y sepan oír. He allí al Maestro. ¿Qué esperamos para darle la bienvenida desde nuestra intimidad? Comencemos por leer atentamente este libro. El resto nos será dado por añadidura.

juan-josé miñonís

En Caracas, 15 de junio de 2005

Energía Cósmica y Alquimia

Introducción

¿Dónde están mis llaves? ¿Por qué me pasan estas cosas a mí? Voy a llegar retrasado. Estoy perdiendo la paciencia y molesto conmigo mismo. ¡Qué fastidio!

Cuántas veces te ha sucedido algo parecido y no sabes si esos precisos minutos han sido decisivos para protegerte de una penuria o para salvar tu vida.

Miguel, adelantando en la carretera un carro modelo antiguo, que se desplazaba sumamente lento, se quejaba de cómo las autoridades permitían el uso de estos vehículos en tan malas condiciones. Iba rumbo a un distribuidor de tránsito de gran circulación cuando pasó inadvertidamente la vía de incorporación a la autopista. Tal circunstancia generó en Miguel sentimientos de reproche a la «pequeña distracción» que le obligó a transitar unos cinco minutos adicionales, hasta poder reincorporarse nuevamente a la vía.

Esta molestia desapareció cuando observó con asombro la situación que se presentaba en la carretera a la cual intentó acceder cinco minutos antes. Un pesado camión que venía bajando en sentido contrario había perdido el control, saltó la isla divisoria y arrastró a todos los vehículos que subían por la vía contraria y a los que acababan de incorporarse, entre los cuales se podía divisar los restos del vehículo modelo antiguo que Miguel adelantó, antes de sufrir la «pequeña distracción».

Trina estacionó su vehículo enfrente de la lavandería automática, abrió la puerta trasera del automóvil y se agachó para recoger la ropa sucia, pero en ese instante su bolso, que colgaba en su hombro, se vino hacia delante imposibilitándole asir las prendas de vestir; esta «pequeña incomodidad» hizo que ella echara con fuerza su cartera hacia atrás y poder así coger la ropa; fue en este momento cuando el bolso se desplazaba violentamente hacia atrás, que se escuchó un duro golpe, seguido de un lamento. Al voltearse para ver lo que sucedía, quedó paralizada cuando vio detrás de sí a un hombre, tendido en el suelo, con un cuchillo en la mano. La «pequeña incomodidad» se había transformado de «manera increíble» en un fuerte y preciso golpe en la cara del frustrado ladrón.

Más adelante, en la sección Contacto con los Ángeles, veremos otros «extraños casos» y tú mismo podrás reflexionar, acerca de algunas vivencias propias o de tu entorno.

¿Coincidencias? Es la primera palabra que nos viene a la mente para tratar de explicar estas situaciones. ¿Suerte? Pero, ¿por qué a unas personas les ocurren más estas «coincidencias» que a otras, o tienen más suerte que otras?

¡Ese fue el Ángel de la Guarda! dirán otros. Si esto es así, ¿cómo funciona esto? ¿Quiénes son los Ángeles? ¿Por qué algunas veces se les pide que vengan y no vienen? ¿Por qué otras veces acuden, sin pedírselo?

He escrito este libro con la intención de tratar de despertar el gigante de tus potencialidades, tratar de descubrir la fuente de tu poder, quien se nutre de la Energía Cósmica, de la cual formas parte, tratar de entrenarte en el uso de las formidables armas que te provee la alquimia. De esta manera podrás descubrir la «manera increíble» de comunicarte con la Energía Cósmica en general y con los Ángeles en particular, inspirándote a dar el primer paso, encendiendo la mecha que activará todo un complot angélico, dirigido hacia la realización de tus deseos de prosperidad y de felicidad.

Energía Cósmica

Desde que apareció el hombre en la tierra, surgió la primera gran pregunta: ¿Quién soy? y luego: ¿Qué hago aquí? Los grandes pensadores han tratado y tratan de responder desde diferentes puntos de vista estas incógnitas que siempre nos acosan.

Lo único cierto es que existe un mundo material, el cual podemos percibir a través de nuestros sentidos y un mundo espiritual, cuya percepción dependerá de nuestro grado de evolución espiritual. Los pensadores materialistas han negado de plano la existencia del mundo espiritual, pero nunca han podido conseguir explicación a sus manifestaciones o efectos.

No debe sorprendernos la dificultad que tenemos para tratar de interpretar o comprender el mundo espiritual. Las religiones han usado las parábolas para hacer llegar a los creyentes los mensajes divinos, muy difíciles de expresar por los medios convencionales.

Es difícil y algunas veces imposible comprender o interpretar ciertas situaciones que acontecen, llegando a la conclusión de que Dios lo quiso así.

Cuesta mucho hacernos la idea de Dios. Nos viene a la mente una imagen de un anciano, barbudo, vestido con una túnica blanca y con una dulce mirada y en lo que todos coincidimos es en el gran amor que irradia su majestad.

Su sola imagen mental nos dice que el amor es universal y es el único lenguaje disponible para conectarnos con Él.

El amor universal supera todas las barreras, incluso hasta las religiosas. Es incomprensible cómo líderes políticos y supuestos «guías espirituales», utilizando el nombre de Dios, incentivan la intolerancia política y religiosa, envenenando los sentimientos de los niños con el odio y la venganza, tal como tristemente lo observamos en Palestina, entre árabes e israelitas, en Irlanda del Norte entre protestantes y católicos, y en otras partes del mundo, con consecuencias tan lamentables como los actos terroristas ocurridos el 11 de septiembre de 2001 en Estados Unidos y el 11 de marzo de 2004 en España y su repercusión en la guerra de Afganistán e Irak.

Dios, Alá, Jehová, el Cósmico, el Gran Arquitecto del Universo, cualquiera sea el Dios que rige tu religión o tus creencias, nunca avalará, bajo ningún concepto, estas prácticas hechas en su nombre, para tratar de obtener objetivos reñidos con la moral divina y terrenal.

Todo depende de la óptica con que veamos al mundo.

En el primer extremo tenemos a los materialistas cien por ciento. Ellos niegan la existencia del mundo espiritual, consideran que la felicidad depende totalmente de las posesiones materiales y restan importancia a sentimientos como el amor, la amistad, la hermandad. Piensan que el dinero lo puede comprar todo, pero ignoran que el amor verdadero no tiene precio; se puede comprar la presencia física de un ser, pero nunca la espiritual.

El caso de un amigo, nos enseña, un típico ejemplo del materialista puro. Poseedor de grandes bienes materiales y de una supuesta «familia feliz». A raíz de un accidente de tránsito, quedó en estado de inconsciencia, muerto en vida; podía enterarse de lo que ocurría alrededor, pero no podía hacer ningún tipo de manifestación. Escuchó, entonces, la manera inmisericorde y voraz, cómo su «familia feliz» se disputaba sus bienes. Milagrosamente se recuperó y volvió a la vida, pero con un concepto de felicidad diferente al que tenía anteriormente.

Existe un segundo grupo que aunque reconoce al mundo espiritual, considera que el mundo material arrastra al espiritual. Su postulado filosófico es «ver para creer».

Por último, existe un tercer grupo, cada día más creciente, que considera que el mundo espiritual arrastra al mundo material. Según su percepción, al lograrse la felicidad espiritual, ésta traerá consigo los bienes materiales necesarios para que la felicidad sea integral. Aquí el postulado filosófico es «creer para ver».

Según esta óptica somos más espíritu que cuerpo, éste es sólo una parte de tu experiencia en el campo físico.

Esta concepción ha sido muy difícil de asimilar por el hombre desde las épocas más remotas de la historia. En nuestros tiempos esta dificultad aumenta, ante el desbordamiento de las presiones que pretenden supeditar la felicidad a las dádivas que se puedan lograr con el dinero o el poder.

Desde niños hemos escuchado la historia de Adán y Eva y se nos sobrecoge el corazón cuando recordamos las terribles palabras con las cuales ambos fueron arrojados del paraíso terrenal.

Éstas y otras imágenes distorsionadas han sembrado en lo profundo de nuestro ser un complejo de culpa, germinando una idea, por lo demás carente de toda veracidad, de que estamos separados de Dios y que somos indignos de su amor, benevolencia y aun de su presencia, lo cual contradice abiertamente la premisa generalizada, según la cual Dios creó al hombre a Su imagen y semejanza. Ese sentimiento de separación llevó a muchos pueblos antiguos, que se sintieron alejados u olvidados del Creador, a fabricar su propio dios a quien podían idolatrar.

Así, cuando el hombre se siente errante, alejado u olvidado de Dios, surge su ego como agente neutralizador del poder divino y tratando de pescar en río revuelto; fabrica «un dios a su medida» a quien poder adorar a su manera. Con esta particular concepción, el hombre se regodeará, con sus falsos ídolos, perdiéndose cada vez más en sus erráticos caminos.

Al aceptar de plano la separación, el hombre sólo verá con los ojos del cuerpo, y su visión no podrá ser otra cosa que culpabilidad, ataques, injusticias y caos.

Al pensar separado de la mente de Dios, los pensamientos positivos serán reemplazados por los negativos de culpabilidad, miedo, temor e inseguridad, vagando el ser humano sin rumbo fijo por la oscuridad.

Al sentirse separado de Dios serán los celos, la envidia, el resentimiento y el odio sus patrones de conducta.

Al no percibir el amor o la compañía de Dios, germina la semilla de la vulnerabilidad; el miedo a las enfermedades y a la muerte se agiganta, el aura del ser humano se resquebraja, se enferma en primer lugar el alma, luego se debilita el sistema de defensas del organismo, apareciendo posteriormente las enfermedades como atraídas por un misterioso imán. En el campo material, el miedo a perder las posesiones penderá sobre el hombre, como la espada de Damocles, impidiendo el disfrute de las mismas. De esta manera el ser humano se convierte en esclavo de sus temores, en lugar de ser dueño de sus fortalezas.

Es en este estado donde cobra importancia el principio místico que nos enseña que no existe la oscuridad y que ésta representa solamente la ausencia de la Luz y que basta con abrir nuestro corazón y permitir que aparezca aunque sea un solo rayo de Luz para que la oscuridad se disipe, al igual que lo hace la noche al rendirse ante los primeros rayos del sol. Al lograr vencer la oscuridad llegaremos a un estado donde nos sentiremos uno con Dios y con nuestro hermano.

Algo similar a lo que sucede con la electricidad que suministra energía a innumerables lámparas y artefactos. La energía eléctrica tiene que entenderse como un todo, no se debe concebir aislada o separada. No se puede decir que la energía reside en una sola lámpara o en un solo aparato, ni que la misma sea diferente para unos u otros. De igual manera la Energía Cósmica es una sola y todos somos uno con ella y con nuestros hermanos. Es lo que se conoce como «El Principio de la Unicidad Divina».

Una vez que la Luz ha logrado derretir el fantasma de la oscuridad, lo hará simultáneamente con el ego, quien al no tener nuestro apoyo, pues fue creado por nosotros mismos, no tendrá oportunidad alguna de sobrevivir ante la majestuosa presencia de Dios.

Bajo esta nuevas circunstancias comenzaremos a ver junto con los ojos de Dios y obviamente tendremos otra perspectiva y podremos ver con mayor claridad cosas y situaciones que antes estaban ocultas en las tinieblas. Al mismo tiempo dejaremos de ver los fantasmas del miedo, el temor y la inseguridad, que se escondían en la oscuridad y al disiparse ésta automáticamente desaparecen aquéllos.

Al pensar junto con la mente de Dios, quedarán desterrados aquellos pensamientos negativos y reemplazados por la seguridad, confianza y alegría propios de los que se sienten protegidos por Dios.

Al sentirnos con el amor de Dios, los sentimientos negativos de celos, envidia, resentimiento y odio huirán despavoridos dejando sólo el camino del amor, único lenguaje entendible en la comunicación divina. Reconoceremos al perdón como la proyección de Dios sobre el mundo y recibiremos la fortaleza necesaria para superar el sabor amargo que pudiera dejarnos la acción de perdonar a nuestros hermanos, surgiendo entonces la mano milagrosa que nos sacará de nuestro medio y nos elevará hacia Dios.

Al sentir la compañía de Dios, advertiremos su protección dondequiera que nos hallemos, suscribiéndonos a la invulnerabilidad infinita y eterna que caracteriza a los verdaderos Hijos de Dios, entendiendo que en su compañía no hay nada que temer. Al comprender que lo eterno e infinito es la vida espiritual, perderemos el miedo a la muerte de nuestro cuerpo, alejando su aparición, debido a que la ya referida invulnerabilidad refuerza nuestra aura, filtrando y evitando las enfermedades, a la vez que se fortalece el sistema de defensas del organismo. Es por esta razón que se afirma que el amor y el perdón constituyen la hierba curativa milagrosa por excelencia.

En el plano material, la invulnerabilidad nos enseña que es mejor obtener lo que necesitamos en el momento oportuno que tener posesiones materiales y no disfrutarlas a plenitud a causa del miedo a perderlas, convirtiéndonos en esclavos de su custodia.

Al sentirnos uno con Dios, conseguiremos el coraje suficiente para enfrentar las adversidades susceptibles de ser superadas, obtendremos la paciencia para soportar estoicamente aquellas cuya superación no está en nuestras manos y a las cuales tendríamos que interpretar, en última instancia, como pruebas a nuestra tolerancia y, finalmente, dispondremos de la sabiduría necesaria para poder catalogar como problema lo que verdaderamente es, determinando asimismo cuándo su solución está en nuestras manos.

Quizá no nos hayamos percatado de la fuerza espiritual que encierra, la oración del Padre Nuestro, la cual considero como manifestación sublime de nuestra identificación con la Energía Cósmica y que practicada a conciencia se convertirá en la chispa que inicie y mantenga encendido el motor de nuestro desarrollo espiritual. Meditemos y reflexionemos profundamente sobre el poder energético que contiene cada palabra que forma parte de esta bella invocación. Estaremos usando, nada más y nada menos, que la clave de acceso al Poder Universal. Sólo nos queda postrarnos, en actitud mental receptiva, para captar las inspiraciones que esta hermosa declaración sugiere.

Padre Nuestro. Inicio y nombre de la oración, es una clara determinación de la aceptación de nuestra condición de Hijos de Dios y de Hermanos. Este nexo de hermandad nos resalta la importancia y la necesidad del perdón entre nosotros mismos. Es concluyente que por nuestras venas corre sangre divina y que poseemos, tanto el mismo potencial creador de Nuestro Padre, como Su ilimitada capacidad de amar y perdonar. Consagramos a la prosperidad y a la felicidad, como herencia divina y legítima. ¡Qué dicha y felicidad nos proporciona la plácida comunicación con Nuestro Padre!

Que estás en los cielos, santificado sea tu nombre. Reconocemos su universalidad. Podemos asignarle diferentes nombres pero estamos aceptando que Dios es uno solo. Aquí estamos alabando su Omnipotencia, Omnisciencia y Omnipresencia. Su santidad, poderío, conocimiento están latentes en nuestro ser, como sus justos herederos.

Venga a nosotros tu reino. ¿Qué es el reino de Dios si no la prosperidad y la felicidad? Es una cálida y emocionante solicitud y a la vez una cordial bienvenida a las bondades divinas de su reino, para que se hagan presente aquí y ahora.

Hágase tu voluntad. Muestra nuestra disposición de unir nuestra voluntad a la divina, todo amor, todo perdón. ¿Cómo podremos fallar con esta determinación?

Así en la tierra, como en el Cielo. La Ley de la Correspondencia: «Como es arriba es abajo y como es abajo es arriba» se manifiesta en forma precisa en esta declaración. Solicitamos que la voluntad divina que se aplica en el macrocosmos, lo sea igualmente en el microcosmos. No puede haber interrelación más hermosa entre el Hijo y Su Padre.

Danos hoy nuestro pan de cada día. Cuando pensamos y actuamos en comunión con Dios, participamos de igual manera en la prosperidad divina. Ésta se presentará como los medios necesarios otorgados por la Providencia para la ejecución de nuestra misión divina. No habrá límite en la prosperidad, como tampoco lo habrá en la misión que nos propongamos. El Cielo es el límite. Si surgen barreras serán sólo las fabricadas por nuestra mente.

La prosperidad no debe entenderse como el bocado de pan que mendigamos para no morirnos de hambre. Ésta sería una pobre interpretación de la imagen de un verdadero Hijo de Dios. Como tampoco debe comprenderse como el dinero o posesiones materiales acumuladas de mala manera y que se ostentan o se derrochan de igual forma. La verdadera dimensión de la prosperidad la apreciamos cuando recibimos, en el momento y lugar oportuno, todos los medios necesarios para lograr nuestra misión y sentirnos felices por ello. Este fin justificará plenamente, los medios provistos por la Creación.

Perdona nuestras ofensas, así como nosotros perdonamos a quienes nos ofenden. Con la misma autenticidad como comprendamos el alcance del perdón que otorgamos a nuestros hermanos, así será el perdón que recibamos. La sinceridad, según cómo manejemos el concepto del perdón, será fundamental para conseguir el perdón para nosotros mismos. En esto radica el poder milagroso y mágico del perdón.

No nos dejes caer en la tentación. Por una parte la soberbia y el orgullo del ego constantemente tratarán de confundirnos, sembrando dudas con respecto a nuestra misión; por la otra el miedo del ego a ser desplazado —por nuestra Conciencia Divina— nos incita a considerarnos indignos de la misión que nosotros mismos hemos acordado con Dios. Si prestamos oídos a estas tentaciones, cederemos el terreno ganado y volveremos a la oscuridad en busca de los falsos ídolos. En esta plegaria solicitamos fortaleza para no atender a las provocaciones disfrazadas de placeres terrenales. Si tenemos claro nuestro rumbo y renunciamos en forma determinante a las tentaciones que nos asedian, la ayuda divina aquí solicitada no se hará esperar y desde entonces, no habrá nada ni nadie que pueda cambiar nuestro destino.

Y líbranos de todo mal. Amén. Esta última, pero no menos importante petición, se refiere a la protección divina a la cual somos acreedores los Hijos de Dios. Además de ayudarnos a no desviarnos, también Dios velará por nuestra invulnerabilidad. En su compañía nada debemos temer. Así se hará, no hay otra forma para quienes estemos bajo su protección.

Con esta oración estaremos cerrando el compromiso contraído con la Conciencia Divina, respecto a la única e irrenunciable misión que justifica la pasantía por este mundo y que no puede ser otra que avanzar en nuestro desarrollo espiritual.

La Energía Cósmica estará siempre disponible para todos nosotros y la capacidad de acceso a la misma dependerá del nivel de vibración energético que hayamos desarrollado y que se manifiesta de dos maneras.

La primera, mediante la anteriormente señalada protección automática contra situaciones indeseables, es la sensación de confianza que puede sentir un mandatario o personaje importante rodeado de estrictas medidas de seguridad. Los seres que vibran energía positiva no necesitan estar invocando esta protección en cada momento; ésta será atraída automáticamente por la misma vibración.

Seguramente habrás conocido personas con vibraciones positivas, quienes rara vez se ven envueltas en situaciones problemáticas y, mejor aún, son las que consiguen las mejores oportunidades. Si algo les persigue son situaciones favorables y algunas veces tan increíbles, que nos hacen expresar: ¡Qué suerte tiene! ¡Nació con buena estrella!

También habrás notado la existencia de personas que constantemente están involucradas en sucesos lamentables, como asaltos, accidentes, peleas. Se puede inferir de inmediato que se trata de personas con una evidente vibración energética negativa. Hasta ellos mismos lo reconocen cuando dicen: ¡La mala suerte me persigue! ¡No gano una! ¡Estoy embrujado!

Nuestro entorno vibra al ritmo de nuestra energía.

Definitivamente somos lo que vibramos, si constantemente expresamos mal humor, peleamos con todo el mundo, respiramos envidia, resentimiento, ira, odio o mala voluntad, estaremos impregnando nuestro entorno de energía negativa, creando al mismo tiempo un imán cuya fuerza atraerá evidentemente situaciones de la misma polaridad, es decir, situaciones negativas. En estos casos, los canales de comunicación con las energías positivas se bloquean y por más que los Ángeles quisieran comunicarse con nosotros, para transmitirnos mensajes de aviso, nuestro receptor estará apagado o sencillamente estaremos conectados, pero vibrando en frecuencias diferentes, razón por lo cual se imposibilita la comunicación deseada.

Por el contrario, si nuestros acompañantes son sentimientos de paz, amor y buena voluntad hacia la humanidad, nuestro verbo y pensamientos proyectan buenos deseos hacia nuestros semejantes, estaremos vibrando energía positiva y en perfecta sintonía con la Energía Cósmica. En este caso, los canales de comunicación estarán habilitados para captar con mayor claridad los mensajes de avisos que nos llegan por la vía de la intuición.

La segunda forma como se manifiesta la Energía Cósmica es a través de la respuesta a peticiones hechas para obtener un fin determinado. También en estos casos el equilibrio energético del solicitante es fundamental, para poder captar e interpretar los mensajes recibidos.

Intuyo que en estos momentos estarás realizando una autoevaluación de tu desarrollo espiritual, tratando de determinar honestamente la polaridad de tus vibraciones y la capacidad de captación de los mensajes angelicales. Si no estás conforme con la calidad de estas comunicaciones, ha llegado el momento de cambiar el enfoque de tu vida. Hay que hacer limpieza en casa. Se impone una reingeniería espiritual y la herramienta adecuada para llevar a cabo esa tarea es la alquimia espiritual. «Sólo cuando el oído sea capaz de oír, entonces vienen los labios que han de llenarlos de sabiduría» En otras palabras, cuando estés preparado aparecerá el Maestro.

La Alquimia Espiritual

La alquimia tuvo su origen en la Edad Media, época de nuestra historia que estuvo caracterizada por el miedo, el oscurantismo, la intolerancia y la persecución. Los alquimistas trabajaron afanosamente en sus laboratorios, rodeados de probetas, matraces y hornos. Soñaban febrilmente con el rojo resplandor de la Piedra Filosofal. Su objetivo era transmutar las materias primas corrientes en metales preciosos de propiedades extraordinarias, por ejemplo, transformar el plomo o mercurio en oro. Se creía que quien lo lograra, obtendría todo el poder del mundo.

Con el tiempo se desengañaron y la práctica cayó en desuso, pero quedó latente la poderosa y mágica semilla que se llama el «divino descontento humano». Esta semilla germinó, se desarrolló y despertó en la nueva era de apertura en que vivimos. Este cambio generó con gran ímpetu una de las hazañas más maravillosas del hombre: tomar conciencia de su desarrollo espiritual.

Es así como surge el moderno alquimista espiritual, quien trabaja afanosamente para transmutar esa piedra preciosa que cada persona lleva dentro de sí, que no es otra cosa que energía vital universal condensada. Para lograr ese cambio, esta piedra preciosa tendrá que pasar por un proceso donde se separarán las impurezas que pueda tener, utilizando para ello catalizadores a objeto de agilizar la reacción y fermentadores que optimizarán su transformación. Asimismo será necesaria la utilización de poderosos hornos especiales o atanores, cuya intensidad y tiempo de uso dependerán de las impurezas, la paciencia y la persistencia del alquimista. La piedra filosofal así transmutada, tendrá el poder necesario para convertir en realidad todos los anhelos y deseos.

Hermes Trismegisto*, fue un sabio, mago, legislador y un fabuloso personaje que los egipcios y los griegos llegaron a considerar el padre de todas las ciencias; unos estiman que vivió en el siglo XX a.C. otros aseguran que fue contemporáneo de Abraham y de Moisés. Se le conoce también como el padre fundador de la alquimia. Su obra, *La Tabla de Esmeralda*, es reconocida como la Biblia de los alquimistas. Recomiendo reflexionar sobre su contenido, toda vez que representa, la base de la alquimia espiritual.

> «Es real, sin mentira, cierto y muy verdadero.
>
> Lo que está abajo es como lo que está arriba, y lo que está arriba es como lo que está abajo, para realizar los milagros de una sola cosa.
>
> Y así como todas las cosas provienen del pensamiento del Uno, así mismo todas las cosas nacen de esta cosa única por adaptación.
>
> Su padre es el Sol, su madre es la Luna, el viento lo ha llevado en su vientre; la tierra es su nodriza. Ahí está el padre de todo el Thelema del Universo.
>
> Su potencia sobre la tierra no tiene límites.
>
> Separarás la tierra del fuego, lo sutil de lo espeso, suavemente, con gran diligencia. Asciende de la

* También llamado por otros autores Hermes Trimegisto, «el tres veces grande».

tierra al cielo y desciende directamente a la tierra, y recoge la fuerza de las cosas superiores e inferiores. Así tendrás toda la gloria del mundo, y toda la oscuridad se alejará de ti.

Es la fuerza fuerte de toda fortaleza, porque vencerá toda cosa sutil y penetrará toda cosa sólida. Así es como fue creado el mundo. De esto habrá y surgirán innumerables adaptaciones, cuyo medio está aquí.

Por eso he sido llamado Hermes Trismegisto, que posee las tres partes de la Filosofía Universal. Lo que he dicho de la operación del sol, se ha cumplido y consumado.»

Este principio nos enseña la correspondencia entre los fenómenos de los varios estados del ser y de la vida y su comprensión nos ayudará a tratar de resolver muchos problemas y a entender los misteriosos secretos de la naturaleza. Cuando aplicamos esta ley, muchas de las cosas incomprensibles se pueden entender de una manera más sencilla. Este principio es de aplicación universal en los diversos planos mental, físico o espiritual del Cosmos. Es uno de los más importantes auxiliares de la mente para tener acceso a la verdad; estudiando la mónada se llega a comprender al arcángel. Para iniciar el ansiado proceso de transmutación es necesario conocer la naturaleza de esa fabulosa piedra filosofal que todos llevamos en nuestro interior.

Cuál es la naturaleza de la Piedra Filosofal Personal

La Piedra Filosofal Personal es de Esencia Divina, es una con la Piedra Filosofal Universal y, en consecuencia, debe vibrar en su misma frecuencia.

Existe una energía cósmica, universal, infinita, perfecta e ilimitada. Ante la pregunta *¿quiénes somos?*, tenemos una sola respuesta: somos parte de esta energía, somos esencialmente espíritu y, como tal, tenemos esa potencialidad para actuar. De hecho, en la primera etapa de nuestra niñez, teníamos canal libre de comunicación con la energía total, éramos un todo con ella. Con el tiempo fue creciendo la conciencia en nosotros mismos y simultáneamente fue creciendo también el ego, quien alimentó el deseo de separación, nuestro entorno comenzó a absorbernos, empezamos a darle más valor, que a nuestro propio yo, cambiamos nuestro patrón de referencia de la felicidad, asociándola directamente con la aprobación de los demás y finalmente nos colocamos las cadenas que nos atan al dinero, el poder o la fama, que evidentemente satisfacen al ego, pero que no significan la felicidad.

Prueba de ello lo constituye la infelicidad de muchos de los poderosos o famosos, quienes escapan de la realidad con el abuso del alcohol o de las drogas, otros terminan lamentablemente en la locura o el suicidio. Una paradoja que mueve a profundas reflexiones. Dios les premia otorgándole fabulosos dones o talentos; el agraciado, no logra interpretar el regalo divino, su ego lo enceguece y termina en una ilógica situación de infelicidad.

Si reconocemos y practicamos el concepto de la unidad, nuestra guía será, en primer lugar, la felicidad interna. Esta vibración positiva se convertirá en un mágico imán que atraerá las oportunidades, los contactos personales, los recursos materiales necesarios para vivir en paz, primero, con nosotros mismos y luego con nuestro entorno. Mientras que la felicidad atrae la prosperidad, la infelicidad nunca podrá ser sanada con la prosperidad.

El amor y el perdón reafirman nuestros lazos de unidad con el Cosmos. La envidia, el odio, los resentimientos y malos hábitos como el de juzgar, debilitan, fracturan la esencia de la unidad. A propósito de la inconveniencia de juzgar, cito:

«Los juicios son lo opuesto al amor, de los juicios procede todo el dolor del mundo y del amor, la paz con Dios» (*Un curso de milagros*, ejercicio 352, p.514, editado por Foundation for Inner Peace).

Cómo descubrir las particularidades de la Piedra Filosofal

El ser humano fue creado a imagen y semejanza de Dios y por tanto fue dotado con dones y talentos, asimilados a la Piedra Filosofal que todo hombre lleva dentro de su ser, conformando a cada uno de nosotros en un ser diferente, pero valioso, único e irrepetible.

No puede ser infeliz la persona que desarrolla sus dones o habilidades, en la mayoría de los casos, llega a tener éxito donde fracasan los demás. De hecho, uno de los retos, como padres o maestros, es descubrir los dones o talentos de nuestros hijos o alumnos, pues está comprobado que las personas exitosas en diferentes áreas son las que cultivaron esas disciplinas desde temprana edad.

Pareciera fácil descubrir nuestros dones o talentos, pero en la práctica no lo es. Muchas personas pasan toda la vida, buscando cómo hacer dinero y tratando de emular el camino que otros escogieron, para lograr fama o riqueza, pero olvidan que todos somos diferentes y lo que resulta favorable para otros, no necesariamente lo sea para nosotros.

Lo cierto es que si tú logras descubrir tus dones o talentos, habrás descubierto la magia de la motivación, la cual te hará feliz y te hará sentir orgulloso de lo que haces, no te sentirás cansado por el esfuerzo o tiempo dedicado y por el contrario lo disfrutarás a plenitud. En consecuencia, el producto de tu trabajo será valioso y ganarás todo el reconocimiento y obtendrás la riqueza donde otros tal vez no la encuentren.

Hay quienes deciden su ocupación atendiendo a las perspectivas económicas, que ésta ha generado en otras personas. Otros lo hacen, forzados por la necesidad o por las circunstancias, pero lo ideal es hacerlo, atendiendo a una evaluación de tus habilidades, talentos o potencialidades particulares, en razón a que ésta será la vía lógica y natural de penetrar en la senda mágica de la realización personal y del éxito.

De allí que nuestra misión primordial en esta vida es, en primer lugar, descubrir las aristas, vale decir, los dones y talentos, que integran esa piedra preciosa, y en segundo lugar, imprimirle un valor mágico, es decir, proyectar cómo su uso eficiente puede ayudar a la humanidad en general y a nuestro entorno en particular. Ésta es una respuesta a la pregunta: ¿qué hacemos aquí? Si no logramos ubicar nuestra misión en la vida andaremos errantes, adorando a dioses falsos.

Cómo agregar valor mágico a la Piedra Filosofal

Constantemente nos esforzamos en la búsqueda del éxito y la riqueza. Curiosamente observamos que lo que para unos esta búsqueda es una plácida travesía para otros, en cambio, está signada por tortuosos e interminables caminos, donde se presentan todos los obstáculos habidos y por haber. Pareciera que elegimos caminos equivocados o sencillamente llegamos a la conclusión fatalista, de que ése es el destino que Dios nos deparó y que contra sus designios no nos podemos rebelar. Aceptar esta última conclusión es negar la Justicia Divina, es considerar a Dios como el culpable de todas las desgracias humanas, es tener un concepto bien bajo y pobre de lo que significa el Amor de Dios. Sería considerar hipócrita la sentencia «Dios creó al hombre a Su imagen y semejanza» ¿Tú crees que la pobreza, es la imagen y semejanza de Dios? ¡NO! ¡Definitivamente NO! Me parece más lógico y racional acoger las máximas: ¡Ayúdate que yo te ayudaré! o ¡El cielo está dentro de ti! y reconocer que el culpable no es Dios, sino nosotros mismos que evidentemente elegimos el camino equivocado.

A tal efecto, analizaremos los siguientes principios o leyes espirituales, que nos ayudarán a sortear esos obstáculos que constantemente encontramos en nuestro camino. A medida que avancemos en la comprensión de esos principios, los senderos serán menos tortuosos y divisaremos más claro el horizonte. Se despejarán nuestros temores, se disipará el miedo y la inseguridad, tan automático como la transición de la noche al día.

Ese nuevo día será el símbolo de la claridad, que nos guiará hacia la evolución espiritual, entrando en un estado mágico de armonía con la naturaleza, que creará las condiciones de vibración necesarias para lograr respuestas a nuestras peticiones de felicidad, éxito y prosperidad.

Cosechamos lo que sembramos

Este famoso y conocido proverbio sintetiza en forma práctica un principio de gran significación, también conocido como la Ley Causa y Efecto. Vivimos en el presente los efectos de acciones causadas en el pasado, pero éste no es necesariamente el pasado de nuestra vida actual, es más amplio, abarca un pasado anterior, en otras palabras, nuestras vidas pasadas.

Algunos identifican esta ley como la Ley del Karma. Cuando sufrimos los efectos ineludibles del karma, debemos transmutar estos sentimientos en aprendizaje, todo sufrimiento tiene su aviso implícito, debemos tratar de interpretar este mensaje divino y didáctico allí impreso. Puede tratarse, por ejemplo, de misivas señalándonos que debemos mejorar las relaciones con nuestro entorno, que debemos ser más cuidadosos con nuestra salud, etc. Además de aprender de cada penosa situación, debemos determinar su utilidad tanto para nosotros como para toda la humanidad. El karma bien interpretado siempre se transmutará en felicidad y evolución. Siempre debemos entenderlo como una proyección de la Justicia Divina.

Nos hemos acostumbrado a reaccionar automáticamente ante diferentes situaciones. Si alguien nos daña inconscientemente reaccionamos y decidimos que debemos causarle al agresor un daño mayor. Aplicamos la Ley del Talión: «Ojo por ojo, diente por diente» sin considerar los efectos y las consecuencias que se pueden generar. Es importante considerar el poder que da el hecho de detenernos, y estudiar el abanico de posibilidades y tomar solamente aquellas opciones que nos enriquezcan como espíritu que somos, en lugar de dejarnos llevar por los bajos instintos de la venganza. Cuando practiquemos con regularidad este poder, nos familiarizaremos con la idea de que nuestro futuro es consecuencia de nuestras decisiones y no del azar.

Algunas veces nos inquietamos cuando vemos a seres humanos, con energías sumamente negativas, que andan impunemente por el mundo practicando la maldad, y pareciera que no hubiera justicia para ellos. Es bueno recordar que la Justicia Divina es infalible e insobornable y que tarde o temprano se manifiesta donde más duele, sólo que la mayoría de las veces no nos enteramos de su aplicación. Por el contrario, el premio a las buenas acciones se manifiesta donde menos lo esperamos, pero donde más lo necesitamos. Debemos estar claros que los resultados no son inmediatos.

Existe una polémica referente a la tesis, según la cual, algunas de las víctimas del holocausto judío en la segunda guerra mundial en Alemania, eran la reencarnación de quienes dictaron la sentencia de muerte a Jesús de Nazareth, en marzo del año XVIII del emperador romano Tiberio César, entre otros Poncio Pilatos, Regente de Galilea, los cónsules, procónsules, los pontífices del Sumo Sacerdocio, entre ellos Cayfás y quienes ejecutaron la sentencia, comandados por el primer centurión Quinto Cornelio.

Esta tesis trata de explicar la Ley del Karma y la implacable Justicia Divina. Según esta ley, aquellas personas que valiéndose de sus posiciones de poder, cometen cualquier acto de injusticia, aun cuando traten de justificarlas con inútiles manipulaciones de las leyes humanas, contraen una deuda kármica y que a pesar de que se escapen ilesos del castigo en la vida en que cometieron tales injusticias, la implacable Justicia Divina los alcanzará en cualquiera de sus próximas reencarnaciones.

Lo cierto es que desde la muerte del Maestro Jesús, hasta nuestros días, han transcurrido varios ciclos de reencarnaciones. Durante éstos, han sucedido eventos y guerras, tales como las invasiones a Europa, la conquista de América y la guerra por su independencia, persecuciones, guerras civiles, el esclavismo, las cruzadas, la Inquisición, las guerras mundiales, etc. Hechos que generaron grandes injusticias y donde también se puede inferir que hubo aplicación de la Ley del Karma.

Bien sea en la vida presente o en las futuras reencarnaciones, el victimario se convertirá en víctima y padecerá en carne propia los sufrimientos producto de su injusto proceder. Si el antes victimario y ahora víctima, supera el sufrimiento y lo transmuta por el aprendizaje que sugiere la ley kármica, evolucionará en su desarrollo espiritual, quedando cancelada su deuda con la Justicia Divina y en su nueva reencarnación tendrá elevadas misiones por cumplir. Si por el contrario no supera el sufrimiento, será presa fácil de sentimientos tales como resentimiento, odio, venganza, que lo acompañarán por futuras reencarnaciones, hasta tanto pueda transmutar sus efectos perniciosos por la acción liberadora del perdón total tanto para el victimario que lo hace sufrir hoy, como el perdón a sí mismo, por el complejo de culpa en su antiguo rol de victimario en vidas pasadas.

Por otra parte, el reconocer las acciones como causas que determinan efectos en el futuro, nos impone la necesidad de tomar conciencia en cada acto que realicemos en la vida, esencialmente aquellos que puedan afectar a nuestro prójimo o a la humanidad.

La regla de oro: «No hagas a tus semejantes, lo que no te gustaría que te hagan a ti», te ayudará a despejar dudas y mantendrán tranquila tu conciencia. Con respecto a la posible duda sobre lo correcto, coincido con la sabia expresión: «Lo correcto es correcto, aunque nadie lo haga y lo incorrecto es incorrecto aunque todo el mundo lo haga».

Da tú primero y más de lo que te exigen

Todo proyecto que busca la prosperidad lleva consigo la idea de recibir algo y ésta a su vez lleva implícita la idea de dar, para que pueda circular libremente el flujo de energía en el universo.

Para que se active el círculo de la prosperidad es necesario, indispensable y útil, dar primero. Pero el ingrediente mágico radica en dar con alegría y desprendimiento.

El dar no necesariamente implica dinero. Depende de lo que se quiere, en ese mismo sentido se debe dar. Si quieres respeto, respeta a los demás, si deseas amor, sé amoroso.

Cada persona tiene una especie de cuenta corriente energética donde se registran todas las transacciones o acciones realizadas en la vida. Es así como cada vez que se realiza una de las actividades cotidianas se está dando algo a alguien, y dependiendo del amor con que se dé, del desprendimiento con que se realice, esa acción quedará registrada a favor de la persona que actúa.

Toda actividad profesional o comercial lleva consigo un servicio a alguien que lo necesita y que hace más placentera nuestra estadía en esta vida y serán puntos a favor de quien lo realice. Pero si esas actividades se realizan bajo la premisa del engaño o del fraude, indudablemente serán puntos que afectarán en forma negativa al causante del daño.

Prestar atención, un saludo cordial, una sonrisa, una oración, una felicitación, un presente de cumpleaños son también ejemplos de dar.

Si todo el mundo practicara este principio, el mundo sería mejor.

Al observar los resultados de los efectos de este principio, no olvides retribuir a tus semejantes una parte de tus logros, para mantener e incrementar los beneficios obtenidos.

Bien sea que trabajes bajo relación de dependencia o que desarrolles tus propios proyectos, recuerda: «da siempre más de lo se te exige». Esta diferencia con los que hacen escasamente lo que se les exige, resaltará tu presencia y será clave en tu camino hacia el éxito.

El mejor ejemplo de qué dar y cómo dar lo tenemos cuando criamos a nuestros hijos, descubrimos sus necesidades, les damos todo y lo más importante, nuestro ejemplo; nos privamos de muchas cosas, lo hacemos incondicionalmente, con alegría y total desprendimiento, son los puntos más positivos que nos podemos anotar en nuestra cuenta corriente energética, como también serán los más negativos, cuando actuemos en sentido contrario.

Pero dar no significa derrochar y menos sacrificar nuestros recursos sólo para satisfacer nuestra vanidad o para comprar la aprobación de los falsos jueces que nos rodean, quienes al final terminarán alegrándose de nuestros fracasos y envidiando o empañando nuestros triunfos. Vemos corrientemente en nuestro entorno cómo se disipan recursos en inútiles y superfluos compromisos, cuando aún no se ha recibido un anunciado aumento de ingresos. Estas circunstancias generan puntos negativos en la cuenta energética. Mejor decisión toma quien confiando en su intuición espera pacientemente el momento y en el lugar oportuno, el paso del autobús de las oportunidades.

Una razón, por la cual la docencia genera tantos puntos energéticos a favor de quien la practica con cariño, radica en el hecho de que de esta manera se proyecta el ejemplo más hermoso del poder mágico del dar: no des un pescado, enseña a pescar. La primera acción esclaviza al receptor, la segunda libera al buen alumno.

Recuerdo el sabio consejo: ¡Da todo lo que puedas, sin reservas, hazlo con cariño y nunca te faltará lo que necesitas!

Proyecta tus metas

Para proyectar tus metas, tienes que haber superado los dos pasos previos básicos:

Entender y asimilar el poder que hay dentro de ti y saber lo que quieres. Este último paso implica un análisis claro y definido de tus deseos. La mayoría de las personas no tienen claro lo que desean y por esta razón proyectan una imagen difusa de sus deseos, con lo cual no pueden obtener otra cosa que pérdida de energías y resultados no satisfactorios.

Teniendo bien claro lo que deseas, tu próximo paso consiste precisamente en darle vida mágica a tu proyecto, en otras palabras, frotar la lámpara de Aladino. No importa lo grande y complicadas que sean tus aspiraciones, lo importante es la intensidad, el sincero y firme propósito, con que las proyectes. Utilizando la meditación y la visualización, imprímele la fuerza y vibración necesarias a esta proyección, adórnala con todos los detalles que consideres convenientes y te verás disfrutando estos logros en armonía con la Mente Universal. Guarda estos pensamientos que son energía pura en tu mente inconsciente. Ésta contiene no sólo los conocimientos adquiridos en esta vida, sino que tiene acceso a los archivos akásicos, los cuales mantienen celosamente guardada y protegida a la sabiduría universal de todos los tiempos.

La mente es el poderoso motor, que se activa por medio de la energía generada con los pensamientos y deseos. Si éstos son firmes y sinceros, el deseo se hará realidad. Porque el genio es tu mente, la mente inconsciente es parte de la Mente Universal y si estás armoniosamente sintonizado con ésta, no habrá obstáculo insalvable, ni muralla que lo impida; la Mente Universal es omnipotente y se impondrá.

Este potencial que tenemos en nuestra mente inconsciente, controla en forma perfecta y armoniosa, sin que se lo pidamos y sin que estemos conscientes de ello, todas las funciones de nuestro cuerpo desde las actividades que desarrollan las microcélulas hasta las realizadas por los órganos más complejos como el cerebro, el corazón, etc. Ese genio que trabaja constantemente está dormido y sólo espera nuestra orden para ponerse a nuestra disposición. El poder está allí, lo que necesitamos es activarlo. La forma de activarlo es por medio de nuestros pensamientos. Nada de lo que ha hecho el hombre se ha realizado sin una proyección en la mente del inventor. El secreto del poder y del éxito está en convertirnos en proyectistas mentales de ese poder y de ese éxito deseado. Jesús dijo: «Las cosas que pidieres en oración, creedlo y las tendréis».

Cuidado con el apego

Un aspecto que a menudo conspira contra la vibración positiva de las energías es ciertamente el apego a las posesiones materiales. El flujo de la prosperidad debe entenderse de una manera diferente al afán constante de acumular riquezas con el ánimo de subyugar o someter arbitrariamente a otras personas, mediante el abuso generado por un poder, cualquiera sea su origen. Tanto el dinero, como los alimentos, vivienda o los requerimientos básicos deben fluir libremente, siempre y cuando exista buena voluntad. Mientras más se atesoren bienes con intenciones mezquinas, más difícil será obtenerlos. Lo mal habido por lo general, tiene sus compensaciones negativas cuando se trata de la felicidad integral. La Justicia Divina, siempre se aplica donde más duele. Nadie escapa a las Leyes Cósmicas. De allí que se explique la poca felicidad interior que disfruta el avaro, el explotador o el que abusa del poder. El dinero debe considerarse siempre como un medio, mas no como un fin en sí mismo.

Se ha dicho que todos soñamos con algo; por ejemplo, algunos nos apegamos a las cosas materiales, porque éstas nos aportan valor, poder, etc. En estos casos, el verdadero apego lo tenemos en la mente, es decir, en la idea de quererlo tener, no en el objeto en sí. Es por eso que si cambiamos nuestras ideas, cambiarán los objetos que deseamos. Esta circunstancia nos conduce a la conclusión de que nuestro objetivo debe ser el cambio de nuestras ideas; nuestros pensamientos deben ser loables, en este caso, nuestro apego no será negativo, sino que nos guiará, hacia objetivos que nos permitan lograr la felicidad espiritual, la cual no necesariamente se obtiene con las posesiones materiales. En muchos casos éstas, lejos de traernos la felicidad deseada, nos convierten en sus esclavos para mantenerlas.

Uno de los aspectos más dañinos del apego es la ceguera mental que impide ver sentimientos tan anhelados como lo es la felicidad. Una persona puede ser feliz en su vida, pero cuando pasa la felicidad por el tamiz del apego, se comienzan a corroer las bases en que se fundamenta la felicidad.

Recuerdo una conversación que sostuve con una anciana madre, con respecto a la infelicidad que ella sentía, al percatarse que había trabajado duro en la vida y no había conseguido los bienes materiales que hubiese deseado. «¿Valió la pena vivir?», se lamentaba.

Ante tan triste reflexión, le comenté:

Tratemos de ver la situación con otros lentes. Tu vida es sumamente valiosa, ojalá todas la madres fueran como tú. A pesar de que fuiste analfabeta y quedaste viuda muy joven y en extrema pobreza, criaste a tus seis hijos, de los cuales por ninguno sientes pena. No sólo eso, terminaste de criar los hijos de tu esposo que quedaron huérfanos a raíz de la muerte de su esposa durante el parto.

No tienes una casa propia, pero te sobran hogares donde vivir. Cada uno de tus hijos, desea vivir contigo. Te sobra calor de hogar. Nunca te faltó amor. Tienes todo el amor.

La madre me respondió: «¡Definitivamente estaba ciega!». Esta nueva óptica le facilitó ver facetas de la felicidad que se desvanecían, con el lente del apego.

Nada a favor de la corriente

La naturaleza nos enseña que todo debe fluir con facilidad. El río se desplaza fácilmente cuando va por su cauce. Los grandes problemas surgen cuando tratamos de cambiarle o robarle su cauce natural; en estos casos el río siempre lo reclamará. Este principio también es conocido como el principio de la economía de esfuerzos o de la menor acción.

Si trabajamos en armonía con las fuerzas de la naturaleza, observaremos que todo fluye con facilidad, como un manantial, tal como crecen las plantas o los animales silvestres. Si cortamos esa fluidez natural, sólo para satisfacer nuestras apetencias personales en detrimento de otros o para conseguir su aprobación, desperdiciamos energía y nadamos contra la corriente. De igual manera sucede si no aceptamos a las personas o los hechos como son, cuando tratamos de moldearlos a la conveniencia de nuestro ego, o cuando culpamos a otros o a nosotros mismos de nuestra mala situación; también cuando nos empeñamos en imponer nuestro criterio a como dé lugar. Cosa contraria ocurre cuando nuestras acciones generan amor, o cuando transmutamos situaciones insoportables o enojosas en oportunidades para crecer, en cuyo caso la energía no sólo se multiplica, sino que se acumula y estará disponible en nuestra cuenta corriente para los momentos en que más la necesitemos.

No siempre el que trabaja más es el que cosecha más triunfos. Lo ideal es nadar con la corriente. La mayoría de los seres realmente felices son los que trabajan en conjunción con la energía universal la cual, guiada por estos principios espirituales, puede ser más eficiente, cualitativa o cuantitativamente, que un exceso de dedicación y recursos utilizados contra la corriente. De ninguna manera se deben confundir estas ideas con el conformismo.

Algunas personas nadan a ciegas, es decir, no tienen un plan concebido, por lo tanto difícilmente conseguirán lo que desean, porque no saben hacia dónde van. A lo sumo, lograrán los objetivos de quienes se benefician con ello. En todo momento hay que saber cuál es el puerto hacia donde se dirige el buque de nuestra vida. No le debemos dejar el timón a otros, pues nos llevarán no a donde nosotros querramos sino a donde ellos desean. Puede ser que por comodidad, por negligencia o por candidez caigamos en este error, pero nadie puede ser realmente feliz si es conducido hacia donde otros quieren, debido a que los destinos de cada persona son obviamente diferentes. Cuando tú decides el rumbo de tu vida, de manera armónica, siempre llegarás a la meta deseada.

Un proyecto va bien encaminado desde el punto de vista espiritual, cuando todo fluye armoniosamente. Todo proyecto tiene sus dificultades, pero éstas deben ser normales y salvables; no obstante, si observamos que en el camino sólo conseguimos problemas que no se pueden solucionar, por las vías normales, debemos analizar sus causas. Existen proyectos descabellados, que se pueden asimilar a aquel que quiere nadar contra la corriente. Necesitará esfuerzos superiores a lo normal y es muy probable que el nadador se cansará antes de llegar a su objetivo. Ni qué decir de los proyectos de imposible realización, los cuales se asemejarían a un intento por subir nadando una catarata. Sin embargo, en la vida real se encuentran muchos casos de personas que se empecinan en este tipo de proyectos.

Cómo pulir la Piedra Filosofal

La comprensión y la práctica de los anteriores principios espirituales, pueden ser opacados, cuando nuestro nivel de evolución se ve afectado por ciertas circunstancias que le restan eficiencia.

Nuestro próximo paso consiste en investigar cuáles son estas circunstancias que le restan brillo a la piedra filosofal, en otras palabras, cómo éstas disminuyen la vibración energética que generamos y determinar la forma adecuada de manejarlas.

Los sentimientos

Existen ciertas conductas en nuestra manera de actuar, que favorecen la generación de sentimientos tanto negativos como positivos.

La sensación de minusvalía, la duda, el abandono, el exceso de perfeccionismo, el orgullo, la codicia, el sentimiento de ineptitud, los celos, la culpa, la inseguridad, la vergüenza, la timidez, la apatía, la indolencia, la pereza, la indecisión y el ocio, por una parte, y el miedo a la intimidad, a la desilusión, al rechazo y a la crítica, por la otra, generalmente desencadenan sentimientos negativos tales como el odio por los demás y por uno mismo, el resentimiento, la ira, la venganza, la envidia, los cuales constituyen la fuente de desarmonía energética. Las conductas opuestas a las anteriormente señaladas, por el contrario, crean y mantienen el ambiente armónico necesario para el desarrollo espiritual por todos anhelado.

Los sentimientos negativos se van anidando, enquistándose cada vez más fuertes en nuestro interior, convirtiéndose en el caldo de cultivo de una percepción equivocada del mundo exterior. Según esta óptica nos autoconvencemos de que la culpa de todas nuestras desdichas la tiene el mundo exterior, olvidándonos de que podemos cambiar nuestro entorno, si cambiamos previamente nuestro mundo interior. Sócrates sabiamente señalaba: «Conócete a ti mismo y podrás conocer a los demás».

El primer paso es el reconocimiento de nuestros errores o fallas. Luego, es necesario tomar conciencia de que podemos combatir los sentimientos negativos que siempre nos acechan y transmutarlos por sentimientos positivos. Seguidamente, debemos elaborar una estrategia adecuada, para realizar estos cambios. Se requiere una honda reflexión, en la cual juega un papel importante la meditación, por medio de la cual, transmitiremos los correspondientes mensajes de cambio a nuestra mente inconsciente. Con fe y constancia observaremos la esperada transmutación que nos allane el camino del desarrollo espiritual.

En un primer momento estos cambios podrían ser difíciles de lograr; sin embargo existen técnicas que facilitan su realización. Algunas personas inescrupulosas han usado esos mecanismos para manipular los sentimientos negativos con fines inconfesables; de la misma manera o más fácil aún, estos mismos recursos pueden utilizarse para modificar los sentimientos negativos, pero con fines elevados.

Había oído hablar de los mensajes subliminales utilizados en el mundo de la publicidad para estimular o manipular la preferencia de los compradores potenciales de los productos o servicios publicitados. Pero me quedé asombrado de su perverso uso, en el mercado musical. Rubén Darío y sus compañeros Carlos

Alberto, Verónica y Manuel, desarrollaron un trabajo de investigación titulado: *El rock como agente que altera la conducta de los seres humanos.*

En dicho trabajo, se cita la manera cómo ciertas canciones de rock, tenían grabadas, además de las insinuaciones directas, mensajes subliminales dirigidos básicamente a adolescentes incitándolos a la rebelión contra lo establecido, estimulando el desenfreno sexual, los cultos satánicos, el odio, el resentimiento y el uso de las drogas.

El mensaje subliminal es captado por el oyente «justo por debajo del umbral de la conciencia». Semejante mensaje sobrepasa los sentidos auditivos y visuales.

Los resultados de estas malsanas inducciones se manifestaron en cantidades de suicidios, muertes y heridos, especialmente en conciertos de rock celebrados en Europa, Estados Unidos, Canadá, Australia y otros países.

Aparentemente estos mensajes subliminales son utilizados para manipular a aquellos jóvenes con una evidente baja autoestima, tratando de incorporarlos al mundo de las drogas.

Los sentimientos son tan importantes en nuestra vida que pueden neutralizar la inteligencia potencial, signada por el coeficiente intelectual. De hecho podemos observar cómo personas con un alto nivel de coeficiente intelectual, no son capaces de manejar sus sentimientos y su vida se convierte en un completo desastre. Muchos de los famosos criminales en el mundo han sido notables también, por sus altísimos coeficientes intelectuales, pero sus sentimientos de desprecio o subestimación hacia los demás, les hace creer en su supremacía, hasta que el exceso de confianza los traiciona y terminan derrotados, víctimas de sus propia inteligencia.

Un ejemplo, lo encontramos en el caso sucedido en Estados Unidos en el año 1924, cuando dos jóvenes, Nathan Leopold y Richard Loeb, de familias de buenos recursos, de veinte y veintidós años, con coeficientes intelectuales de 200 y 180 respectivamente. En un exceso de confianza y en abierto reto a las autoridades, secuestraron y asesinaron a otro joven, con la seguridad de que no serían descubiertos. No fue así y fueron condenados a cadena perpetua. Nathan aprendió en prisión 24 idiomas.

Típico ejemplo para reflexionar. El poder nocivo de los sentimientos negativos es capaz de anular el poder de la inteligencia. Muchas de las personas, que se destacan por su alta inteligencia y llegan a posiciones de poder, terminan de esta misma manera derrotados, como resultado de un manejo deficiente de sus propios sentimientos. Es en estos casos donde la sabiduría popular sentencia: «se le subieron los humos a la cabeza». Por el contrario, observamos a otras personas, poseedoras de inteligencia modesta, pero alimentados por sentimientos nobles de amor y paz, quienes actuando con fe y perseverancia logran obtener altos niveles de éxito y felicidad.

Los sentimientos de amor, cariño y entusiasmo influyen definitivamente en los resultados de cualquier cosa que hagamos. Si suministramos los mismos ingredientes y en similares cantidades a varias personas para que preparen un plato de pasta, observaremos diferencias en el sabor de los diferentes platos preparados. La diferencia está en el amor, cariño, entusiasmo y alegría con que cada plato fue elaborado. De la misma manera, pero en sentido contrario serán los resultados de actos realizados bajo influencia de sentimientos negativos.

Para erradicar estos sentimientos negativos, debemos en primer lugar, hacer un inventario de aquellos sentimientos contra nosotros mismos, tales como angustia, miedo, depresión y culpabilidad. Estos sentimientos son incompatibles con el amor a Dios, si aceptamos tales sentimientos negativos, estamos reconociendo que no confiamos en Él, que no somos dignos de la paz que estamos buscando. Dejémonos conducir por el amor y no por el temor. Cuando entendamos que el amor es la única realidad, no sentiremos la tentación de desperdiciar tiempo en trivialidades.

En segundo lugar, debemos hacer un inventario de todos aquellos sentimientos hacia otras personas, tales como: envidia, celos, resentimiento, rabia, rencor, ira, que enturbian nuestras vibraciones. Es conveniente ser honestos con nosotros mismos al efectuar este inventario. Repetimos: el reconocer su existencia es el primer paso exitoso para su futura erradicación. Es recomendable estar atento a estos sentimientos, pues es posible que algunos de ellos tengan su origen en situaciones ocurridas antes de tener uso de razón, que se percibieron mientras nos encontrábamos en el vientre de nuestra madre y peor aún, que provengan de recuerdos de vidas anteriores.

Este tipo de sentimiento conociendo o no el causante del mismo, se convierte en la maleza que impide florecer el amor. Sin importar el grado de crueldad o de intencionalidad con que fueron cometidos, deben ser totalmente perdonados. Cuando juzgamos, nos autoasignamos un poder que sólo lo tiene Dios y sufriremos toda la vida al no poder encontrar el castigo. Este sufrimiento, le puede robar todo el significado a la vida, también genera vibraciones negativas, que enrarecen el sentimiento de amor que debemos fortalecer. Debemos reconocerle a Dios el derecho a juzgar. Dios no fallará. Tenemos que aprender a confiar en Dios.

En resumen, podemos asegurar que los sentimientos negativos son factibles de cambiar tanto por inducción externa, como por inducción interna, es decir, por nuestra propia voluntad. Está en nuestras manos el manejo y control de estos perniciosos sentimientos negativos.

Vista la importancia que reviste la autoestima, como condicionante de nuestros sentimientos, es necesario revisar los conceptos e implicaciones de la misma, así como la manera de controlarla.

La autoestima

La autoestima es el sentimiento valorativo de nuestra propia persona, que va desde nuestra manera de ser hasta el conjunto de rasgos corporales, mentales y espirituales que configuran nuestra personalidad.

Se forja desde el momento de la concepción cuando nuestros padres, nos desean o nos rechazan. Estos sentimientos son captados por el bebé en el vientre de su madre. Por esta razón los hijos no deseados, tienen grabado desde su concepción dichos sentimientos de rechazo.

Se considera que hasta los 7 años de edad se asientan las raíces de la personalidad del individuo, los valores que las nutren provenientes de las enseñanzas recibidas en el hogar, reforzadas en mayor grado por el ejemplo de sus padres o tutores, que el niño observa en esta etapa de su vida.

Aproximadamente a partir de los 7 años comenzamos a formarnos un concepto de cómo nos ven nuestros padres, hermanos, maestros, amigos y captamos si somos aceptados o rechazados.

La autoestima es importante porque indica la manera cómo nos percibimos y valoramos, orientando de esta manera nuestras vidas.

La autoestima se construye por dentro. Sin embargo, el ambiente familiar es el caldo de cultivo en la formación de nuestra autoestima, aderezado con los valores, reglas y costumbres que a veces suelen ser contraproducentes. Algunos de estos condimentos son incorporados a la familia por medio de paradigmas sugeridos por la sociedad, asimilados o no de acuerdo a la formación cultural de los diferentes grupos sociales. Por último, faltan los ingredientes provenientes de las nuevas interrelaciones, amistades del colegio, del trabajo que, independientes de la formación familiar, vienen a afectar en menor o mayor grado la autoestima del individuo.

Para ubicarnos dentro de la idea del amor integral es necesario amarnos a nosotros mismos, debemos amar lo que hacemos, a nuestra familia, a nuestros allegados. Una persona que no tenga un nivel de autoestima adecuado, debe revisar los sentimientos contra su propia persona, deberá evaluar los aspectos de su vida, tales como el entorno laboral, familiar etc., para enfrentarlos y corregirlos y poder entonarse en forma efectiva con el amor por sí mismo.

Es muy importante aprender a valorar nuestra autoestima y mejorarla, toda vez que ésta será la responsable tanto de los éxitos, como también del buen manejo de los fracasos que ocurrirán en nuestras vidas. Una autoestima adecuada, potenciará la capacidad, para desarrollar nuestras habilidades y si bien no evita los fracasos, ayuda a aceptarlos y aprender de ellos. Asimismo facilitará la armonización energética necesaria para nuestra evolución espiritual. Caso contrario sucederá con la baja autoestima, la cual además de desarmonizarnos, nos conducirá inevitablemente hacia la derrota, el fracaso y la frustración.

Baja autoestima

Independientemente de que estemos conscientes o no, todos albergamos, sentimientos o problemas por solucionar. Esta situación puede generarnos insatisfacción, falta de autenticidad, o producir sufrimientos, que van desde las manifestaciones más leves como la timidez, la vergüenza, los repentinos cambios de humor, las reacciones exageradas, hipersensibilidad, impaciencia y los temores, hasta las más graves como el odio hacia nosotros mismos, ataques de ansiedad y de depresión, culpabilidad, impotencia para manejar tales situaciones y, por último, la autodestrucción o evasión, auxiliándonos con las falsas muletas del tabaco, del alcohol, de las drogas o de los excesos.

Las causas comunes de la baja autoestima tiene su fuente en las opiniones, algunas veces desafortunadas, provenientes de personas muy importantes en nuestras vidas, tales como nuestra familia, maestros, amigos, referentes a la aprobación o desaprobación y comparación con otros individuos. La persona comparada se siente descalificada y muchas veces no llega a comprender que todo ser humano es único, diferente e irrepetible, proviene de un solo espermatozoide y de un solo óvulo.

Se sugiere un análisis sincero de las posibles causas que generan baja autoestima, ya que el principal paso para superarla es reconocer su existencia, luego determinar si nos consideramos con suficiente fuerza para enfrentarla. En algunos casos graves será necesario recurrir a los especialistas. Nuestro Ser Interior tiene mucho que decirnos al respecto y podrá guiar, nuestros pasos, para superar la baja autoestima. Quienes estamos en mejor situación para entendernos somos nosotros mismos. El mejor psicólogo es nuestra Conciencia Divina.

El perdón

Una de las armas más poderosa que podemos usar para eliminar los sentimientos negativos anteriormente citados, así como dar la más alta demostración de amor es, sin duda alguna, el perdón. De hecho el perdón debe considerarse como la necesidad más imperiosa de nuestro mundo plagado de intolerancia e injusticias. Juan Pablo II decía «La espiral de violencia sólo se la frena con el milagro del perdón».

Cuando abordamos el tema de la armonía como requisito para abrir nuestros canales de comunicación con la Energía Cósmica, surge la paz como elemento importante en esta canalización. Pero para lograr esta paz tenemos desafortunadamente que asistir a la eterna lucha que continuamente se desarrolla entre nuestros sentimientos. Por una parte el amor trata de imponerse, como consecuencia de su origen divino y por otra parte los sentimientos negativos encabezados por la venganza, el odio, el rencor y el resentimiento, que amparados y apoyados por nuestro ego, intentan a toda costa impedir la propagación de la Luz del amor. Ésta se expande para todos, pero somos nosotros, con nuestras barreras personales, quienes nos interponemos en su camino.

Precisamente, parte de la misión en nuestra vida es lograr traspasar esas tinieblas, disipándolas, con nuestra tenaz búsqueda de la Luz y la herramienta milagrosa por excelencia, que Dios ha puesto en nuestras manos es justamente el perdón. Éste nos da todo lo que nosotros deseamos.

El perdón sirve de brújula en la orientación hacia la Luz, porque despeja y allana los caminos, minados por inarmónicos sentimientos. Además te inyectará el júbilo y la alegría de sentirte digno heredero legítimo de los tesoros divinos y alimentará tu creatividad cualquiera sea tu actividad: artística, profesional, laboral, familiar, social o espiritual.

Te proporcionará la paz. En los momentos de vigilia creará la plataforma de serenidad necesaria para que la toma de decisiones sea efectiva y oportuna. En los momentos de descanso te ayudará a reponerte adecuadamente para tus períodos de lucha.

Por los elementos mágicos que conlleva el perdón traerá hacia ti las mejores oportunidades para tu desarrollo integral físico, mental y espiritual.

Este nuevo enfoque se traducirá en una verdadera sensación de felicidad, de sentirte valioso ante la Conciencia Divina. No podría ser de otra manera, toda vez que se está usando el arma milagrosa y favorita del Omnipotente: el perdón.

«El perdón es la llave de la felicidad. Despertaré del sueño de que soy mortal, falible y lleno de pecado y sabré que soy un perfecto Hijo de Dios» *(Un curso de milagros.* Libro de ejercicios, p. 229, editado por Foundation for Inner Peace).

No puedes apreciar el verdadero valor del perdón sino cuando has necesitado de él.

Ni existe mayor recurso didáctico que nos enseñe las sensaciones generadas por el perdón, que el haberlo vivido personalmente.

Quien haya perdonado verdaderamente alguna vez en la vida, habrá sentido una sensación de elevación de su ser, un sentimiento de alivio en su corazón, de desahogo de una pena, de haberse liberado de un gran peso. A la vez que te quitaste las cadenas que te ataban a tu hermano, derretiste simultáneamente el férreo metal con el que tú mismo te aprisionaste.

Cuando rechazamos el perdón como elemento liberador, nos amarramos con mayor fuerza al no perdonado, le estaremos otorgando al mismo un poder sobre nosotros, que a lo mejor él ni se entera y nos condenamos a cargar entretanto las pesadas cadenas del odio, frenando en forma determinante nuestro desarrollo espiritual. El mayor ejemplo del perdón lo dio Jesús, al perdonar a quienes lo crucificaron. En estos tiempos de grandes enfrentamientos religiosos, cobra especial relevancia, la solicitud de perdón efectuada por el papa Juan Pablo II por los errores cometidos en épocas de gran intolerancia religiosa, tales como la Inquisición y por el silencio, ante las atrocidades cometidas por los nazis contra los judíos durante la segunda guerra mundial.

No debemos conformarnos con olvidar, ya que esto sería como esconder la basura debajo de la alfombra. Para que la liberación sea total, el perdón debe ser integral, tanto a nosotros mismos, como a aquellas personas, que pudieron agredirnos u ofendernos en el pasado. No se logrará un efectivo olvido de ofensas o agresiones, si no se perdona con todo el corazón, cualquiera sea el nivel o la intensidad del sufrimiento soportado.

La venganza constituye uno de los sentimientos que nos impiden practicar el perdón. Se basa en una falsa percepción, según la cual el mundo lo mueve la razón y no el amor. Nos esforzamos por demostrar que somos poseedores de la verdad absoluta y que todos los demás están equivocados. Tal vez con el tiempo y el desgaste nos convenzamos de que a lo sumo podemos ganar un trofeo de barro por nuestra terquedad. Podemos inventar todas las razones para no perdonar, pero existe sólo una justificación para hacerlo y ésta no necesita razón alguna que la soporte y es el amor.

Los otros impedimentos para el perdón como lo son el odio, el rencor y el resentimiento constituyen los elementos favoritos del ego para anclarnos en el pasado y rumiar la anhelada venganza, pero nos estamos olvidando de vivir y disfrutar cada momento que nos ofrece el presente. Es tiempo que digamos basta a esta inútil y pesada carga que nosotros mismos nos hemos impuesto; es tiempo de desenvainar la espada del perdón y vencer los fantasmas de la infelicidad.

Es muy común conseguir a personas que aunque nunca han ocasionado daños a alguien en esta vida, se sienten impuros ante Dios, no merecedores de su amor, sienten algo así como un complejo de culpa. En la doctrina de la reencarnación, se encuentran explicaciones a estos casos. En vidas anteriores, nuestros espíritus pudieron quedar con karmas pendientes por injusticias cometidas que en su momento se pensó que quedarían impunes, pero que la Justicia Divina no olvida. Debemos perdonarnos a nosotros mismos, por haber causado daños a otros semejantes en esas existencias y solicitar perdón a las víctimas de estos hechos. Asimismo perdonar a quienes en otras vidas nos pudieron haber agredido.

El poder liberador del perdón es tan fuerte que puede traspasar las limitaciones del tiempo. Estos efectos liberadores han logrado curar extrañas dolencias, cuyos orígenes eran difíciles de explicar.

El perdón aporta en nuestra cuenta corriente energética puntos de gran rentabilidad, no sólo por su alto valor espiritual, sino por el efecto liberador que lleva consigo.

Por su lado, la pésima costumbre de juzgar constituye una fuente de puntos energéticos negativos. Generalmente el perdón tiene su origen en una condena y ésta sugiere un juicio previo. La Inteligencia Universal es la suprema instancia donde se imparte la infalible Justicia Divina. Si entendemos que somos uno con Dios y con nuestro hermano, comprenderemos que no podemos autoasignarnos el rol de juez, faltaríamos al principio de la imparcialidad que debe cubrir la justicia. No podemos pretender ser juez y parte en la Justicia Divina. Igualmente aceptaremos que estamos inhabilitados para juzgar tanto a personas como a hechos.

José Ingenieros señalaba con mucho tino: «Enseñemos a perdonar; pero si enseñamos también a no ofender, sería más eficiente».

El perdón bien entendido y aplicado deshace lo que el miedo produce; asimismo acondiciona y apunta nuestra mente hacia una comunicación más fluida con la Conciencia de Dios.

No podría cerrar estos comentarios acerca del perdón sin citar una valiosa concordancia de Martin Luther King sobe el tema: «El que es incapaz de perdonar es incapaz de amar».

Con esta nueva percepción, podremos correr las cortinas que nos impiden ver que no existen culpables, sino diversos grados de evolución en los niveles mentales. Estos bajos niveles de evolución espiritual son los causantes de tanta imperfección, atropello y maldad en el mundo; son a su vez los culpables de la errónea y torcida interpretación, según la cual un fin tantas veces inmoral justifica los medios igualmente inmorales.

El estrés

Otra fuente de desarmonía lo constituye el estrés. Nadie puede vivir en la actual sociedad, sin experimentar algún grado de estrés en cualquier momento. El mismo estrés que provoca en una persona un estado de enfermedad puede ser un factor vigorizante para otra. La vida es en gran medida un proceso de adaptación a los acontecimientos de nuestra existencia. El secreto de la salud y la felicidad consiste en el acople exitoso a las condiciones siempre cambiantes sobre la tierra y el castigo por fallar en este proceso lo constituyen la enfermedad y la desdicha. El estrés es indudablemente un importante problema personal para todos.

El siguiente párrafo sintetiza de una manera sencilla, varios informes médicos sobre el funcionamiento del estrés en el cuerpo humano.

La primera fase de la reacción de estrés se inicia con el estímulo de los sentidos, el cerebro procesa la información recibida; si ésta indica peligro se activa el miedo. Éste genera un complicado proceso, donde entran en acción diversas glándulas y órganos del cuerpo humano, se generan sustancias tales como la adrenalina la cual, al circular en la sangre, es transportada a los diferentes órganos del cuerpo, afectando a los mismos, hasta decidir luchar o huir. Así vemos que la primera reacción del estrés es el miedo. Es la reacción de adaptación del organismo a las presiones externas. La importancia del miedo radica en el tiempo de exposición al mismo. Las consecuencias de una manifestación temporal al estrés no serán tan graves como las generadas por períodos de tiempo prolongados, en cuyo caso los efectos de esta sobrecarga terminarán por afectar, tanto a órganos importantes, como al equilibrio energético del ser humano.

Es importante señalar que el miedo es incompatible con el amor a Dios. Si aceptamos el miedo como forma de vida, aceptaremos la idea de vivir separados de Él, en otras palabras, temerle en vez de amarle. Definitivamente vivir bajo estas circunstancias no es normal, en consecuencia tenemos que buscar las herramientas adecuadas, para controlar esta anormalidad.

La palabra estrés tiene su origen en el vocablo *stringere*, cuyo significado es provocar tensión. Su interrelación con la salud de quien la padece, es evidente. Según estadísticas del American Institute of Stress el 43% de los adultos de Estados Unidos sufren las consecuencias negativas del estrés. De hecho, entre el 75 y el 90% de las consultas médicas tienen alguna relación con el estrés, convirtiéndolo en el problema de salud más común en ese país.

Varios ingredientes fundamentales entran a formar parte de este peligroso cocktail, conocido como estrés: Por una parte interviene el medio ambiente que rodea al individuo, bien sea el entorno familiar desarmonizado, relaciones laborales atosigantes, o un ambiente social o cultural inestable. En segundo lugar surge la respuesta fisiológica que el organismo da a las presiones del entorno. Por último, la actitud mental de quien lo enfrenta.

Tienen razón quienes opinan que no todo en el estrés es negativo. Son muchas las personas en el mundo que se han apoyado en su descontento referente a su entorno para crearse sus propios retos de superación de las condiciones impuestas por un ambiente hostil. Pero desafortunadamente también son muchas otras las que no han podido superar las implicaciones que suponen un entorno desfavorable y algunas veces intolerable. En la mayoría de los casos no podemos elegir el medio en que nos desenvolvemos en el presente, pero definitivamente si podemos proyectar el ambiente en que nos gustaría conquistar en el futuro. Esa determinación dependerá obviamente de nuestra actitud mental frente al problema que nos acorrala. Y en esa misma dirección será la respuesta fisiológica que el organismo dé al problema.

Si nuestra actitud mental es positiva, enmarcada en un plano de armonía y de espíritu de superación, comprometido con la Voluntad Divina de la cual somos parte, definitivamente que la respuesta fisiológica de nuestro cuerpo se verá reflejada en un alto nivel de vitalidad, competencia, creatividad, productividad, fortaleza, agilidad física y mental, reforzamiento del sistema inmunológico y de defensa del organismo y por último el desbordamiento del entusiasmo, optimismo y excelentes relaciones humanas, conquistando lo que muchos denominan suerte, es decir, conseguir las oportunidades y conocer a las personas que necesitas, en el momento y en el sitio oportuno.

Por el contrario, si nuestra actitud mental ante un problema es negativa, no podemos esperar otra cosa que bajos niveles de concentración, poca o ninguna creatividad y productividad en todas las cosas que hacemos, generando por una parte, cansancio y fatiga, tanto física como mental y por la otra la correspondiente depresión, ansiedad, baja autoestima, pesimismo, irritabilidad, pésimas relaciones humanas, debilidad del sistema de defensas del organismo, creando un campo fértil para la aparición de enfermedades.

Encuestas realizadas muestran cómo lo que para unas personas significó una grave crisis, para otras no pasó de ser obstáculos salvables sin mayores repercusiones. Cito a continuación ciertas características que identifican a estas últimas personas y que explican el porqué de sus reacciones ante causas similares.

1.- Poseen una alta autoestima y confían en su capacidad para enfrentar una situación y en el peor de los casos para controlar sus efectos. Esta condición les permite ver el problema en su verdadera dimensión, no se ahogan en un vaso de agua. Una persona con baja autoestima, podría ver el mismo problema como algo de difícil solución y en algunos casos como el fin del mundo.

2.- Entienden los cambios buenos o malos que se presentan en la vida como parte inevitables de su dinámica, en vez de considerarlos como un castigo, amenaza o producto de la mala suerte; los consideran más bien como una oportunidad para medirse ante las circunstancias, como un reto a su creatividad, ingenio e inteligencia.

3.- Tienen muy claro que no son el buque de la vida, que se dirige hacia el destino decidido por otros, sino el capitán que conoce exactamente el puerto de destino del mismo. Por lo tanto tienen un sentido de compromiso y de responsabilidad con ellos mismos y con respecto a su misión en la vida.

4.- Tienen un alto concepto de la familia y de la amistad, fuente importante que le brinda seguridad y apoyo.

Existen ciertas reacciones que pueden constituirse en indicios sobre los primeros síntomas de estrés:

Aparición de señales de baja autoestima o dudas sobre ti mismo.
Cuando continuamente te sientes cansado.
Te molestan ciertas situaciones que antes pasaban desapercibidas.
Observas cambios importantes en tus hábitos alimentarios o en tus horarios de descanso.
Pérdida de control por pequeños problemas.
Tus preocupaciones acaparan buena parte de tus pensamientos.
Insatisfacción por las cosas que antes te llenaban.

Frecuentes dolores y tensión en varias partes del cuerpo: en la cabeza, el cuello, la espalda.

La aparición de varios de los síntomas antes expuestos, nos indica que debemos tomar ciertas acciones para tratar de controlar su posible crecimiento y evitar que se convierta en un incómodo y peligroso acompañante, en otras palabras, que nos acostumbremos a vivir en su compañía.

Un punto importante es aceptar que existe el problema, lo cual permite dar una partida de nacimiento a un proceso de cambio de las condiciones actuales causantes del estrés.

Una vez reconocido el problema se debe tomar conciencia de que éste no desaparecerá como por arte de magia; se debe entender que se trata de un estilo de vida que habrá que cambiar con pasos lentos pero seguros. También es muy importante tener en cuenta que el proceso tampoco será sencillo; algunas veces será tan complicado que parecerá imposible su solución; sin embargo, nuestra determinación y fe siempre harán posible encontrar una salida.

Surge la imperiosa necesidad de realizar un inventario de todas aquellas circunstancias que de una u otra manera afecten la tranquilidad espiritual a la cual tenemos derecho. No debemos dejar pasar circunstancias a las cuales nos hemos acostumbrado y que probablemente las veamos como normales, pero que realmente no lo son.

Así como en la superficie del mar, el agua se mueve, como pluma al aire, al vaivén de los vientos y de las vicisitudes de la intemperie, realizar a cabalidad el punto anterior no es posible si estamos afectados por las tormentas de nuestros sentimientos y emociones y las de nuestro entorno. Es necesario, utilizando la meditación, sumergirnos hacia lo más profundo del mar, allí donde las aguas se aquietan, allí donde reina la calma, allí igualmente lograremos domar nuestros pensamientos, pasiones, emociones, sentimientos y conseguiremos la paz; podremos conectar con nuestra Conciencia Interna, con nuestra Esencia Divina, con nuestro Dios Interior, sólo allí, podremos descubrir los problemas y al mismo tiempo encontrar sus soluciones.

Una vez determinados todos los puntos de perturbación se impone jerarquizar los problemas, es decir, asignarles un orden de importancia y de urgencia. Habrá problemas, importantes y urgentes que deberían tener la prioridad número uno en su solución. Otros serán urgentes pero no importantes, deberían solucionarse sin causar mayores inconvenientes. Habrá también importantes y no urgentes que tienen que solucionarse aunque debemos estar conscientes de que no serán de solución inmediata. Y por último aquellos que no son ni urgentes ni importantes. En éstos no habrá prisa para solucionarlos, pero como problemas así determinados deberán solucionarse de alguna manera. Al otorgarle jerarquía a los problemas debemos tener en cuenta lo que se pueda entender por importancia y por urgencia.

En este sentido, el ego nos puede hacer malas jugadas, haciéndonos ver como importante o urgente, algo que sólo lo es para complacer nuestro orgullo, pero no lo es en absoluto si prescindimos de él. Cuando se trata de decisiones que puedan afectar a nuestro semejante es importante tener en cuenta la regla de oro que establece: «No hagas a los demás lo que no quieres que te hagan a ti».

Habiéndose establecido la jerarquía ya mencionada, será necesario la elaboración de un plan de acción, en el cual jugará papel importante nuestra determinación, tenacidad y compromiso para cumplirlo, también la disposición de aceptar estoicamente el impacto que tales decisiones puedan ocasionar en nuestras vidas, aceptándolo, como el costo que debemos pagar por nuestra paz a la cual tenemos por derecho divino.

A continuación cito algunos consejos que pueden ayudar a controlar los efectos del estrés en el campo laboral y en tu vida personal.

Practica regularmente la relajación y la meditación, dándote la oportunidad de tener comunicación constante con tu Dios Interior. Estas técnicas son cada vez más usadas por la gente eficiente, en las corporaciones más competitivas del mundo para controlar el estrés. Practica ejercicios físicos, tu deporte o tu hobby favorito, esto te ayudará a liberar las tensiones.

En lugar de plantearte una meta grande, establece pequeñas metas, las cuales serán más fáciles de lograr y te inyectarán mayor entusiasmo para conseguir las siguientes y al final llegar paso a paso al objetivo global.

Aprende a distribuir bien tu tiempo, ya que el mismo es oro.

Disfruta y busca el lado agradable de tu trabajo.

Practica la tolerancia y la flexibilidad, te traerán más satisfacciones, que tratar de imponer siempre tus opiniones, lo cual se traduce en una fuente permanente de estrés. Aprende a escuchar, mide tus comentarios, recuerda que somos dueños de lo que callamos, pero esclavos de lo que decimos. No te quedes atascado en un problema, de ser necesario pedir ayuda puede ser mejor opción, que dejarse consumir por un problema. Aprende a seleccionar bien en quien confiar.

Trata de no hacer muchas cosas al mismo tiempo, lo más probable es que sacrifiques calidad en alguna de ellas. Haz lo más urgente o lo más complicado primero; de esta manera tendrás más ánimo para continuar. Lo que tengas que hacer, sencillamente hazlo y no lo dejes para luego. Aprende a celebrar todos tus logros con Dios, aun los más pequeños. Total, Él será tu socio una vez que te comprometas a efectuar el cambio.

Los Chakras

El desequilibrio de los chakras, influye en la percepción de las diferentes situaciones que nos acontecen, generando como consecuencia alteraciones más o menos graves, de nuestros sentimientos, amén del efecto que pueda ocasionar en el cuerpo físico, con su correspondiente secuela de enfermedades. Una última y no menos importante consecuencia de este desequilibrio lo constituye el bloqueo para obtener una comunicación efectiva con la Energía Cósmica. De allí la importancia de conocer los chakras y poder realizar ejercicios para su nivelación.

Chakra significa «rueda» en sánscrito. Los chakras son centros energéticos situados en el cuerpo etéreo del ser humano. Estos centros se extienden en forma de remolinos por el campo energético que rodea el cuerpo físico y está compuesto por capas sucesivas de energía que vibran a frecuencias cada vez más elevadas. Los chakras están unidos por un canal energético que atraviesa la espina dorsal.

Los chakras son puntos de energía asociados a distintos órganos y glándulas del cuerpo físico. Se relacionan íntimamente con la conciencia de todos los seres. El equilibrio entre los mismos nos lleva a entonarnos con la Armonía Universal. Para lograr ese estado, se deben nivelar los chakras, empezando por el primero ubicado en el cóccix, armonizándolos uno a uno en sentido ascendente hasta la corona, es decir, la parte superior de la cabeza.

Funciones principales y ubicación de los chakras

Los chakras son siete (ver Fig. 1) y sus funciones son revitalizar cada cuerpo energético y por ende el cuerpo físico.

Estimular el desarrollo de distintos aspectos de la autoconsciencia, por el hecho de que cada chakra, se relaciona con una función psicológica determinada.

Enviar energía hacia los diferentes centros energéticos.

Al equilibrarse los chakras, desde los inferiores hasta los superiores, se despierta la kundalini, esencia sutil del Cosmos en el ser humano. Activa las asombrosas y misteriosas funciones de la glándula pineal: equilibrio del cuerpo, mente y espíritu, lo cual se traduce en una revitalización energética del cuerpo físico, el fortalecimiento de la actividad productiva y creativa de la mente y una identificación más íntima con nuestra Esencia Divina. Esta transformación se podrá evidenciar al sentir la inconfundible y genuina alegría de vivir.

Primer chakra: Raíz o Cóccix

Tiene que ver con la energía física, voluntad de vivir, seguridad, confianza en sí mismo, fuerza vital y rige el aparato digestivo.

Su desequilibrio crea el caldo de cultivo propicio para que broten las causas generadoras de la baja autoestima.

Localización: En la base de la columna.
Glándulas: Suprarrenales.
Nota musical: Do.
Mantra: LAM.
Color: Rojo.

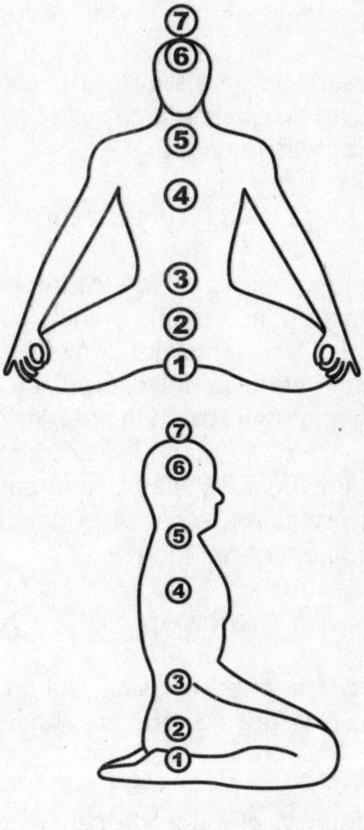

Fig. 1 - Posición «de yoga», posición «sentado sobre las pantorrillas» y ubicación de los chakras.

Segundo chakra: Sexual o Sacro

Está relacionado con la calidad del amor hacia la pareja que puede tener una persona y con la cantidad de energía sexual de la misma. Capacidad de dar y recibir amor y placer en una relación de pareja, creatividad, rige los órganos y glándulas sexuales.

Su desequilibrio dificulta una armoniosa relación amorosa entre pareja. Por el contrario, su equilibrio, estimula la tolerancia y comprensión, transmutando el goce sexual en empatía espiritual y en amor integral.

Localización: Los genitales.
Glándulas: Sexuales.
Nota musical: Re.
Mantra: VAM.
Color: Anaranjado.

Tercer chakra: Plexo Solar, Páncreas

Autoestima, acción, vitalidad, placer y extroversión, sabiduría espiritual y conciencia de la universalidad de la vida. El centro del plexo solar es muy importante en lo que se refiere a la capacidad de conexión humana. Voluntad para manifestar nuestras intenciones mediante acciones concretas, conservar la propia salud y desarrolla la capacidad de sanación.

Su desequilibrio es causa frecuente de baja autoestima, disminuye la capacidad de sanación que todos tenemos, en menor o mayor grado.

Está asociado con la fuerza de voluntad y la actitud que se tenga respecto a la propia salud física. También se conoce con el nombre de centro de curación y está relacionado con la curación espiritual. Se dice que este centro se halla muy desarrollado en algunos sanadores.

Localización: Columna vertebral a la altura del ombligo.
Glándulas: Páncreas.
Nota musical: Mi.
Mantra: RAM.
Color: Amarillo.

Cuarto chakra: Corazón

Cuanto más equilibrado este chakra, mayor será nuestra capacidad de amar, más nos amaremos a nosotros mismos y a nuestro entorno: hijos, pareja, familiares, amigos, vecinos, y a todos nuestros semejantes. Capacidad de perdonar.

Su desequilibrio nos dificulta entregar amor de manera espontánea, nos volvemos mezquinos al dar amor, amamos si nos aman, nos dificulta el ejercicio de dar desinteresadamente y de perdonar; a la vez exacerba nuestra capacidad crítica, proclive a juzgar a personas y situaciones. Por el contrario, su equilibrio hace sentirnos felices al expresar amor, hace tolerable la amargura que impide a ciertas persona practicar el perdón.

Localización: Corazón.
Glándulas: Paraganglios, supracardiacos. Timo.
Nota musical: Fa.
Mantra: YAM.
Color: Verde.

Quinto chakra: Garganta

El quinto chakra es el centro del sonido, la vibración y la autoexpresión. Es el dominio de la conciencia que controla las comunicaciones con los demás. Entre sus atributos figuran el escuchar, el hablar, el canto, la escritura y todas las artes que tienen que ver con el sonido y la palabra. Es también el centro de la creatividad dinámica, la clariaudiencia y la telepatía, pues la comunicación es una clave esencial para acceder a los planos internos y poder utilizar nuestros niveles mentales multidimensionales.

Su desequilibrio distorsiona las vibraciones e interfiere en la comunicación con la Energía Cósmica. Nos dificulta entender o escuchar a nuestros semejantes. Obstaculiza el conocimiento eficaz de los dones o talentos provistos por el Creador.

Localización: La garganta.
Glándulas: Tiroides, paratiroides.
Nota musical: Sol.
Mantra: HAM.
Color: Azul claro.

Sexto chakra: Tercer Ojo

Está relacionado con la capacidad para visualizar y entender conceptos mentales, incluyendo los conceptos del mundo y del universo de la persona, o la forma en que considera al mundo y las probables respuestas que éste le dará.

Su desequilibrio dificulta la meditación, la visualización, la comprensión y el entendimiento de los conceptos mentales.

Localización: En el centro de la frente.
Glándulas: Pituitaria y Pineal.
Nota musical: La.
Mantra: OM.
Color: Azul oscuro.

Séptimo chakra: Corona o Coronilla

Yo Interno, integración de la personalidad total con la vida y los aspectos espirituales de la humanidad. Distribuye la energía del universo.

Está relacionado con la conexión de la persona con su espiritualidad y con la integración de todo su ser, físico, emocional, mental y espiritual.

Su desequilibrio nos aleja del desarrollo espiritual. Se agiganta el ego y sus consecuencias son fatales.

Localización: Sobre la coronilla de la cabeza.
Glándulas: Pituitaria y Pineal.
Nota musical: Si.
Mantra: OMM.
Color: Violeta.

La Meditación

La Meditación es una técnica que se usa para descansar la mente. Es una oportunidad para permitir, que nuestra psiquis se pueda relajar y liberar de las tensiones, desentendernos de las preocupaciones, angustias, agotamiento y tratar de controlar el estrés.

La meditación es un acto en el que conscientemente podemos «desconectarnos» de nuestro entorno para poder entrar en contacto con nuestra propia esencia, con la Esencia Divina, con ese Yo Interior o con esos Seres o Maestros que nos guían en nuestra trayectoria por la tierra.

La diferencia entre meditar y orar radica en que cuando oramos Dios nos escucha y cuando meditamos podemos escuchar a Dios.

Así como existen diferentes formas de comunicación, también existen diferentes formas de meditar. No te preocupes si sientes que no puedes relajarte o se te dificulta visualizar como quisieras. No todos somos iguales. El peor enemigo de la relajación es la presión que tú mismo te impones. Para lograr una buena relajación debes sentirte bien contigo mismo. La persistencia y el tiempo harán que encuentres tu propio ritmo de relajación.

Se explica como guía un método general y en la medida que cada persona lo vaya entendiendo y dominando, seleccionará la variante que mejor se ajuste a su desarrollo interior.

Antes de comenzar un ejercicio de meditación, cualquiera sea el objeto del mismo, se recomienda enviar mensajes de paz y amor a toda la humanidad, especialmente a quienes más los necesiten; este aspecto del dar le agrega un gran peso energético a la meditación. Seguidamente, es indispensable lograr un estado de relajación adecuado. En este sentido la música ligera, juega un papel primordial. La música barroca, los cantos gregorianos, *Las Cuatro Estaciones* de Vivaldi, *Angel Delight* de Mike Rowland o cualquier melodía de este estilo, te ayudarán a crear el ambiente vibratorio apropiado para este fin. Tú mismo seleccionarás la que mejor se ajuste a tus vibraciones.

Existen varias posiciones del cuerpo, recomendadas para realizar la meditación. La mejor posición será la que te permita relajarte, sin sentir dolor, incomodidad o fatiga alguna. Es importante observar que estos ejercicios deben efectuarse descalzo, con ropa ligera y liviana, no usar prendas metálicas, ni demasiado ajustadas. Lo más importante de todo es tu comodidad.

La posición «acostado» consiste en descansar tu cuerpo sobre el piso o sobre cualquier superficie plana. Los brazos y piernas deberán extenderse a lo largo del cuerpo. No deben cruzarse.

La posición «sentado» requiere mantener la espalda erguida y los pies ligeramente separados y apoyados en el suelo. Las manos con las palmas hacia abajo reposarán sobre los muslos.

La posición «de yoga». Similar a la anterior pero las piernas entrecruzadas. (Figura 1).

La posición «sentado sobre las pantorrillas» (Figura 1).

Por último, una variante de la anterior, usando una pequeña banqueta (20 cm. de alto, 40 cm. de largo y 20 cm. de ancho) ligeramente inclinada hacia delante, que sirva de asiento y que permita pasar las pantorrillas por debajo de la misma, quedando en posición «de semiarrodillado».

Para lograr un nivel de concentración adecuado, se recomienda efectuar un recorrido mental por todo tu cuerpo, lo más minucioso posible, tratando de recordar cada detalle de tu cuerpo tales como lunares o particularidades que te hagan fijar la atención en esos sitios. Este recorrido tiene que efectuarse lentamente, por lo cual se aconseja tomarse todo el tiempo posible para obtener mejores resultados. No trates de realizarlo con exigentes limitaciones de tiempo, puesto que sólo conseguirás presionarte y en estas circunstancias estarás muy lejos de lograr el estado deseado. Regálate ese precioso tiempo que necesitas. Te recompensarás más tarde con excelentes resultados.

Oriéntate previamente con una lámina de anatomía del cuerpo humano, para conocer lo más certeramente posible la ubicación de tus órganos internos.

Cierra los ojos y comienza el recorrido mental. Concéntrate en el dedo derecho del pie del mismo lado. Trata de enfocarlo lo más detalladamente posible, luego desplázate hacia el dedo siguiente a la izquierda y así sucesivamente hasta llegar al último dedo de ese pie; continúa dirigiéndote hacia la planta del mismo, allí se encuentran ubicados los terminales de cada órgano del cuerpo, masajéalos mentalmente y disfruta cada paso de este recorrido, visualiza que cada vez te quieres y te aprecias más y reconoce que eres valioso, único e irrepetible. Transfiere tu visión al tobillo y observa la maravillosa obra del Creador que te permite trasladarte. Continúa con tu pantorrilla, rodilla, maravíllate de su función, luego tu muslo hasta llegar a la cadera.

Repite el recorrido con tu pierna izquierda. Emprende ahora tu viaje por la cavidad abdominal, visualizando los órganos allí ubicados, el aparato genital, la vejiga, los riñones, los intestinos, el hígado, el páncreas, el bazo, la vesícula, y finalmente el estómago. En este órgano, receptor además de los alimentos, de todas las presiones, preocupaciones, miedos y temores, te detendrás y tratarás de inhalar tranquilidad, paciencia y paz y exhalar todas esas tensiones que generan desarmonía. Repite por lo menos tres veces estas respiraciones, amplía el número si observas que con las mismas sientes alivio y mayor relajación. Admira la perfecta función del aparato digestivo, al transformar los alimentos en la energía necesaria para tu subsistencia.

Recuerda: a medida que te desplazas por los diferentes órganos puedes detenerte en aquellos, que presentan cualquier tipo de dolencia o anormalidad. Aprovecha tu tránsito por ellos, para decretar cualquiera de las siguientes afirmaciones con gran determinación y fe:

«Bendigo, acepto y reconozco, que el único poder y voluntad que existe es el de Dios y yo lo comparto con Él. Decido en Su nombre que se haga Su voluntad para anular todas las consecuencias de mis decisiones equivocadas que enfermaron este órgano. Quiero ver de otra manera, junto con los ojos de Dios y declaro, junto a Su mente, ver a este órgano pleno, sano, libre de toda limitación, tal como Él mismo lo creó a Su imagen y semejanza».

«Dios mío, si por falsas percepciones me alejé de ti o por errores cometidos en el pasado, este órgano se ha visto privado de su perfecta salud; hoy habiéndose superado esas circunstancias, ya no existe causas para que continúe tal efecto. Por lo tanto, acudo a Tu Voluntad Divina solicitando restaurar su normal funcionamiento».

Apoya la anterior afirmación con una visualización del órgano afectado, observándolo en perfecto funcionamiento.

Prosigue tu viaje interno esta vez por la cavidad torácica, donde se encuentran órganos importantes tales como los pulmones, la tráquea, los bronquios, la laringe y la faringe. Maravíllate con las funciones del aparato respiratorio, al transformar el aire que respiras en la energía que necesitas para vivir. Detente en el corazón donde al igual que la primera pausa, dedica por lo menos tres respiraciones, en las cuales al inhalar tu corazón recibirá amor divino, el cual corrientemente sueles ignorar y al exhalar expulsarás todos los sentimientos negativos que puedas sentir allí enquistados. De nuevo puedes extender las respiraciones, dependiendo de lo placentero que te resulten. Admira el sistema circulatorio y observa cómo la corriente sanguínea visita a cada célula de tu cuerpo, llevando la energía requerida para su óptimo desempeño.

Como punto aclaratorio, sin formar parte del ejercicio, es conveniente saber que se estima que en un lapso aproximado de dos años, gran parte de las células del organismo mueren y son reemplazadas por nuevas células. Al internalizar tu nueva misión de vida, será este compromiso el mensaje que llevará la sangre a cada célula, haciendo posible que nazca en ti un nuevo ser libre de las ataduras del pasado, capaz de enfrentar los nuevos retos que implicarán el cumplimiento de la misión acordada con tu Dios.

Repite los ejercicios de los pies, pero esta vez aplicados a tus brazos. Luego te ubicarás en la zona de la garganta, el cuello, la nuca, los hombros y la espalda. En esta área suelen reflejarse principalmente las presiones generadas por el estrés. Imagina que unas manos sanadoras realizan un masaje que te relajará y te hará sentir consentido por ti mismo.

Focalízate ahora en la cabeza, suelta tu mandíbula inferior, afloja los músculos de las mejillas, de la frente, siente el masaje del aire al entrar y salir de tu nariz, interpreta el aire aspirado como la recepción del aliento de vida del Creador, observa cómo se introduce hacia tu interior, suministrándote la Energía Divina que constantemente pasas desapercibida. Interpreta la exhalación como la oportunidad que tienes para expulsar junto con las toxinas, todo las impurezas psíquicas y mentales que inconscientemente puedas retener. Contempla los ojos que pronto serán capaces de ver junto con los ojos de Dios. Extasíate con la complejidad de tu cerebro, y de la función de tu mente la cual estará en disposición de poder pensar junto con la Mente Divina, haciendo posible la producción de los pensamientos que estén a la altura de un auténtico Hijo de Dios.

Una vez que se ha aprendido a obtener la calma, se puede acceder a niveles más profundos. En esos instantes se está en posición de utilizar la meditación para obtener varios objetivos posibles como son:

a) Manejar los sentimientos.
b) Equilibrar los chakras.
c) Realizar peticiones personales.
d) Meditar con los Ángeles.
e) Obtener cualquier otro propósito.

Ejercicio de meditación para eliminar sentimientos negativos

Elige un lugar apropiado donde no se produzcan interrupciones y sea lo más tranquilo y agradable posible. Utiliza música ligera, seleccionada a tu gusto. Envía mensajes de paz y amor a toda la humanidad, especialmente a quienes más lo necesiten. Efectúa un recorrido mental por todo tu cuerpo. (Este paso y el siguiente son comunes para cualquier tipo de meditación.)

Concéntrate en la entrada y salida del aire de tus pulmones, trata de que ambos movimientos sean de igual duración. En cualquier momento que pierdas la concentración, trata de recuperarla observando el ritmo de tu respiración.

Cuando te encuentres en un estado de tranquilidad y relajamiento adecuado, pasas a la parte esencial del ejercicio el cual dependerá del objetivo que quieras alcanzar.

Para manejar los sentimientos, visualiza cómo expulsamos, mediante la exhalación, aquellos sentimientos negativos (envidia, celos, resentimiento, odio, etc.) y reemplazamos los mismos mediante la inhalación por los sentimientos positivos (amor, perdón, tolerancia, comprensión, etc.) que quieres fijar en tu mente inconsciente. Repite estas respiraciones tantas veces como lo creas necesario.

Da gracias al Cósmico por la oportunidad de estar en contacto con Él o con tu Ángel solicitado.

Vuelve a tu estado ordinario de conciencia.

Estos ejercicios puedes hacerlos todas las veces que sientas necesidad de esta comunicación.

Recuerda que la regularidad, disciplina de horario y tiempo de dedicación, son primordiales para alcanzar una buena calidad en la meditación. Los resultados no son de un día para otro, cada persona tiene su velocidad de aprendizaje propia.

Ejercicio de meditación con los chakras

1. Sigue las indicaciones generales sobre ambientación (lugar, música, recorrido mental de tu cuerpo, mensajes de paz).

2. Observa las indicaciones generales con respecto al control de la respiración y la concentración.

3. Cuando exhales expulsa todas las tensiones y sentimientos negativos. Al inhalar introduce a tu ser sentimientos de amor, paz y tranquilidad. Repite este paso hasta que lo consideres necesario. Si el ambiente donde meditas, te lo permite y así lo deseas, al desplazarte por cada chakra entona por tres veces, en su nota musical sugerida, el mantra correspondiente, haciéndolo vibrar en la garganta, lengua o labios, según el caso, por el tiempo que te tome cada exhalación. El uso constante de los mantras, te ancla cada vez con mayor facilidad en niveles elevados de concentración, a la vez que te envuelven en un ambiente vibratorio propicio para obtener excelentes resultados.

4. Siente cómo se acumula una energía positiva en la raíz o cóccix visualizando que el chakra vibra positivamente con una luz color rojo, reafirmando energía vital, seguridad y confianza en ti mismo.

5. Observa la energía acumulada subir por la columna vertebral hasta el segundo chakra sexual o sacro, el cual se visualiza vibrando con una luz naranja, estimulando tu creatividad y tu sexualidad, generando tolerancia y comprensión.

6. Lentamente esa energía se desplaza hacia el plexo solar, que vibra en color amarillo, fortaleciendo tu autoestima y tu sabiduría espiritual; aprecia cómo se aumenta tu capacidad de sanación, sintiendo que la energía te da fuerza, voluntad y ánimo para realizar con éxito, todas las actividades a que te dedicas.

7. Esa energía que sube se ubica en el corazón, iluminado con un color verde, desbordando amor, bellas emociones, aumentando tu capacidad para perdonar.

8. Se mueve la energía esta vez a la garganta, inundando este chakra de un color azul claro y estimulando la capacidad de comunicación exitosa con toda la humanidad.

9. La energía sigue desplazándose hacia el tercer ojo, haciéndolo vibrar con un azul oscuro y estimulando tu conciencia espiritual y tu capacidad de visualización.

10. Por último, el color violeta invade la corona, es decir, la parte superior de la cabeza, donde se halla la conexión con la Conciencia de Dios, con el Yo Superior, siente el fluir de la kundalini apreciando la integración total de tu ser físico, mental y espiritual. Te sientes más cerca del espíritu que de la materia.

11. Observa cómo esa energía acumulada se mezcla con la energía proveniente del Cosmos y baja suavemente, nivelando de regreso chakra por chakra hasta la raíz o cóccix.

12. Sintiendo la paz de esta relajación, continúa disfrutando de este bienestar por el tiempo que desees. Da gracias al Cósmico por las energías recibidas, las cuales usarás para el bien de la humanidad.

13. Cobra conciencia de tu respiración y de tu realidad. Abre los ojos y vuelve a la normalidad.

Además de los objetivos específicos que podamos lograr con el ejercicio de la meditación, existen otros beneficios, ya que al poder compartir unos pocos minutos al día con nosotros mismos, con Nuestra Esencia, y con la Energía Universal, ganamos terreno en cuanto a nuestra salud mental, física y espiritual y sobre todo podemos empezar a compartir de una forma más activa con ese mundo de la energía que nos rodea y que hasta ahora había sido vetado para mucho de nosotros.

La Verdad te Hace Libre

Si llegaste a este capítulo, sin abandonarlo, la semilla del «divino descontento» quedó sembrada, el mensaje de cambio llegó, doy gracias al Cósmico por haberme permitido llegar hasta ti, ejerciendo el mágico ejercicio de dar. En consecuencia estarás preparado para entender que quedaron atrás tus viejas vibraciones de baja frecuencia. Tus odios y rencores se esfumaron. Desaparecieron como por arte de magia los inarmónicos pensamientos que creaban esa neblina que te impedía ver la chispa de Luz que todos mantenemos encendida en nuestro interior. Conociste la verdad y ésta te hizo libre. Te sientes libre de ataduras. No te sientes separado del Cósmico, eres uno con Él. Eres la unidad arriba y abajo, dentro y fuera de ti. Estás abierto de ti hacia el Cosmos y del Cosmos hacia ti. No tienes nada que ocultar o esconder; tu piedra filosofal brilla con plena intensidad.

Ahora estarás en posición de comprender:

Que has entrado en una nueva etapa en tu vida.
Que ha ocurrido un cambio radical en ti.
La Justicia Divina es la razón principal del cambio.
¡Tú te lo mereces!
Que se han despertado en ti sentimientos positivos desconocidos que engrandecen tu conciencia.
Que puedes afrontar tus propios reclamos, sin culpar a nadie, ni siquiera a ti mismo.

Que no hay personas buenas o malas, sino seres más o menos evolucionados.
Que es mejor ser justo que aceptar la conveniencia de ser bueno y no malo o ser optimista y no pesimista.
Que los errores cometidos en el pasado se convirtieron en el aprendizaje del presente.
Que no hay riqueza material alguna que pueda comprar tu libertad.
Que te sientes libre de las pasiones y de las falsas ilusiones.
Que ahora que te conoces más a ti mismo, puedes conocer más a tu prójimo, por lo tanto, ahora puedes vivir en paz con todo el mundo.
Que las puertas de la Energía Universal permanecen cerradas a los injustos y que ahora permanecerán abiertas para ti.
Que posees suficiente vibración positiva para comunicarte con cualquier ser o ente positivo.
Que estamos preparados para conectarnos con los Ángeles.

Los Ángeles

Al igual que nos sucede con la idea de Dios, también es difícil crearnos la idea de los Ángeles, a quienes nos imaginamos como inocentes y hermosos niños que se mueven con alas y que portan un arco y una flecha o tocan una corneta. Estas últimas características nos hacen coincidir forzosamente en la idea de la comunicación. Es por esta circunstancia que se les ha llamado los mensajeros de Dios. De hecho la palabra ángel, proviene de la palabra griega *ángelos* cuyo significado es «mensajero».

¿Quiénes son los Ángeles? Son seres inteligentes que forman parte de una corriente energética que nos une con Dios.

¿Cómo son los Ángeles? Son energía pura, no tienen forma física, al igual que sucede con la electricidad, nadie la puede ver ni tocar, pero todos conocemos sus efectos y manifestaciones cuando encendemos un conector eléctrico.

El tema de la Energía Cósmica es difícil de asimilar; por esta razón se ha recurrido a la figura amorosa y romántica de los Ángeles como símbolos para entender estas energías.

Así como existen diferentes tipos de energía que nos ayudan en diferentes aspectos de nuestra vida, existen también Ángeles asociados a diversas actividades o áreas de nuestra vida. Se habla de Ángeles guardianes, de la salud, de la prosperidad, del empleo, de la familia, del amor, etc.

Existe el Ángel acompañante, el cual se asimila a aquella energía que más se acerca a cada uno de nosotros de manera muy particular y especial, que vibra en la frecuencia más cercana a la nuestra; éste se identifica plenamente con nuestro mundo íntimo, y no nos abandona ni siquiera en los momentos de mayor soledad. Cuando hablamos a solas, cuando cavilamos internamente aun en nuestras meditaciones mas triviales, hablamos con Él. Es cómplice de nuestras ingenuas travesuras. Se encuentra muy, pero muy cerca de nosotros, de hecho somos uno con Él. Tú le puedes dar el nombre que tu intuición te dicte. Eso no es relevante, lo que realmente interesa es tu identificación espiritual con Él. Yo particularmente lo llamo mi «Ángel compinche». Por conocernos tanto, él será la vía expedita de comunicación con el Cósmico.

Tú puedes invocar a un Ángel o arcángel en particular para un problema específico, puedes utilizar la astrología o el Tarot para tratar de llegar al Ángel preciso que te va a ayudar en un problema determinado; puedes si lo deseas, evocar un Ángel por su propio nombre, implorar a los santos o deidades de tu devoción, al final todos estos caminos te comunicarán con Dios. Si tu intuición te lo pide, puedes invocar directamente y con fervor a Dios, al Cósmico, a cualquiera sea el nombre que en tu religión se le dé. Recuerda que Dios es único y universal.

Al hacer la invocación a Dios, tenemos a huestes de seres angélicos dispuestos a ayudarnos. Para recibir la respuesta de ellos, debemos recordar que previamente es necesario entonarnos energéticamente para poder sintonizarnos con esas energías y comprender sus mensajes.

Estos seres forman parte de una corriente de energía que vibran en diferentes frecuencias según estén ubicados en la escala de energía universal.

Categorías de Ángeles

Dionisio, llamado El Areopagita*, estableció que existen tres esferas de Ángeles, según estén más cercanos a la Energía Superior o al mundo físico.

Así podemos imaginarnos una gran autopista energética de tres supercanales, compuestos a su vez de varias pistas.

Las pistas del canal más rápido están integradas por aquellas frecuencias de energía más fuertes y más puras, están más cerca de Dios, con quien actúan directamente, pues constituyen el grado supremo en la organización angelical y está compuesta esta esfera por Los Serafines, Los Querubines y Los Tronos, quienes desde El Cósmico irradian La Luz que trasciende hacia nuestro planeta.

En las pistas del canal intermedio, se encuentran Los Dominios, Las Virtudes y Los Poderes. Son portadores de la Conciencia Universal e irradian la energía del Plan Cósmico sobre el mundo espiritual, por encima de las diferentes creencias religiosas.

En las pistas del canal lento se ubican Los Principados, Arcángeles y Ángeles, son los guardianes de los grandes grupos humanos en general y de cada ser en particular. Son los entes cuya vibración está más cercana al hombre. La comunicación con las diferentes categorías o esferas, dependerá del nivel de entonación energética, que permita sintonizarse con las diferentes pistas de energía.

---

* Dionisio el Areopagita fue un obispo, miembro del Areópago, especie de Tribunal Supremo Ateniense, discípulo de Pablo. Sus obras tuvieron mucha influencia en la Europa medieval. Sus doctrinas son conocidas como *Corpus Areopagiticum* o *Corpus Dionysianum*. Se interesó en la definición de la Esencia de Dios, sus atributos, contrapuso a la teología afirmativa y negativa, la teología superlativa.

En las religiones más tradicionales de Occidente se hacen referencias a encuentros angélicos a lo largo de su historia. Así, en el cristianismo con la anunciación de la venida de Jesús a María y de Juan el Bautista a Isabel, en el judaísmo, por sus contactos con Moisés, la separación de las aguas del Mar Rojo para salvar a los judíos del Faraón y la guía a los hebreos en sus 40 años de exilio y en el islamismo por sus contactos con Mahoma. También en otras corrientes religiosas en el mundo entero se pueden encontrar referencias de intervenciones angélicas.

Las siguientes son las entidades angélicas más conocidas en algunas religiones Occidente.

Miguel, el Príncipe de la Luz, es el arcángel con mayor reconocimiento en las diferentes religiones, principal baluarte en la lucha contra las fuerzas de la oscuridad.

Gabriel, se le conoce como el Ángel de la transformación vibratoria y protector de nuestro planeta.

Uriel, el arcángel salvador. Por su elevada posición en su jerarquía celestial, mantiene contactos más cercanos con Dios. Reveló a los humanos los misterios de los arcanos celestiales y la Cábala, conocida herramienta mística judía.

Rafael, por ser el Ángel sanador, es el Ángel favorito de la mayoría de los creyentes en las bondades angelicales. Es el más solicitado en las invocaciones para el restablecimiento de los niveles energéticos y por ende de la salud. Los sanadores tienen en Rafael su principal guía.

Raziel, el Ángel de los misterios, guía para la interpretación de los misterios celestiales.

Metatrón, el Ángel libertador, según los místicos judíos ocupa el rango más elevado de los Ángeles. Considerado como el guía o mediador por excelencia.

Existe cantidad de entidades angelicales que se corresponden con niveles de energía, que pueden guardar empatía con nuestras propias frecuencias. En estos casos estaríamos en presencia de entidades a las cuales podemos bautizar con el nombre que nos dicte la intuición, para poder identificarlo desde nuestro denso mundo material y así poder invocarlo en nuestras meditaciones con los Ángeles.

Comunicación con los Ángeles

Una vez superadas las situaciones que puedan interferir en el entonamiento de las energías positivas que posee una persona, se está en condición de intentar comunicarse de una manera efectiva con los Ángeles.

Una forma de comunicación muy usada es la oración, en la cual el suplicante solicita ayuda en la solución de una petición determinada.

La meditación es una forma de comunicación bi-direccional con los Ángeles. En este caso, se requiere desarrollar previamente la intuición, vía por la cual se reciben las respuestas a nuestras peticiones. Obviamente, la calidad de esta comunicación tiene mucho que ver con el nivel positivo de las vibraciones que acompañan a la misma. En este caso tiene mayor valor la calidad de la comunicación que el tiempo dedicado en la petición o la cantidad de peticiones que se haga. Esta razón explica por qué unas personas son más efectivas que otras en sus oraciones o meditaciones.

Es conveniente recordar que no necesariamente la respuesta debe venir en la misma meditación, la intuición te la puede dar en cualquier momento. Recuerda que como toda técnica requiere práctica, constancia y fe.

Ejercicio de meditación con los Ángeles

1. Observa las condiciones generales en relación con el ambiente, lugar, música y el envío de los mensajes de paz ya señalados.

2. Verifica las sugerencias sobre el control de respiración y concentración anteriormente descritas.

3. Cuando te encuentres en un estado de tranquilidad y relajado, pasas a la parte esencial del ejercicio el cual dependerá del objetivo que quieras alcanzar.

4. Si se trata de una meditación para comunicarte con un Ángel, solicita en este momento su presencia, comienza hablar amigablemente con Él. Después de la solicitud, mantente en estado receptivo, tu intuición debe estar alerta, pero sin presiones para recibir cualquier mensaje. Recuerda que no necesariamente debes recibir el mensaje en ese momento; puedes recibirlo después en cualquier instante.

5. Da gracias al Cósmico por la oportunidad de estar en contacto con Él o con tu Ángel solicitado.

6. Vuelve a tu estado de conciencia ordinario.

7. Estos ejercicios puedes hacerlo cuando sientas necesidad de esta comunicación.

Hay niveles angélicos con vibración tan cercana a la nuestra que podemos comunicarnos con ellos, en cualquier momento, sin necesidad de los requisitos de una meditación formal.

Existen tratados con respecto a los Ángeles recomendados según los signos zodiacales y la mejor hora de comunicarnos con los Ángeles; todas estas ayudas pueden ser interesantes y estamos en libertad de optar por cualquiera de ellas que llame nuestra atención. Recuerda que en este aspecto juega un papel determinante la intuición; por tanto cobra especial relevancia afinar nuestra percepción, para determinar cuál es la mejor manera de realizar nuestras conexiones angelicales.

Los Ángeles y la sanación

Uno de los campos en el cual los Ángeles juegan un papel de alta significación es en el campo de la sanación. Es importante señalar que todo ser humano es un sanador en potencia; corresponderá a cada uno de nosotros descubrir y desarrollar esas potencialidades a la par de nuestra evolución espiritual. No hay puntos energéticos más valiosos que los obtenidos en la práctica de la sanación. Mediante la imposición de manos nos convertimos en canales por cuyos medios circulan las Energías Cósmicas. En estos casos los Ángeles guían nuestras manos hacia las partes del cuerpo que requieren la nivelación de energía. Al recorrer las áreas afectadas las manos recogen el exceso de energía o suplen su carencia. Siempre tratará de llevar equilibrio donde no hay. Nunca al contrario.

Asumimos una gran responsabilidad espiritual cuando decidimos atender el llamado a realizar una imposición de manos. Seremos un canal eficiente de circulación de energías, siempre y cuando estemos en evidente sintonía con la Energía Cósmica. Se recomienda meditar con los chakras y una vez obtenida una nivelación adecuada, solicitar la asistencia de los Ángeles de la salud. Ellos serán tus guías en el procedimiento de sanación que decidas realizar.

Sugiero a los interesados en el tema de la sanación, el mantenimiento de su programa de evolución espiritual y observar las siguientes recomendaciones:

No debe especularse con los dones previstos por la naturaleza.

No debe ostentarse con los resultados obtenidos.

El interesado en estas prácticas obtendrá mayor eficiencia si recibe entrenamiento adecuado, tanto en la técnica en sí, como en el conocimiento de la anatomía humana.

Su uso no excluye la vigilancia médica en los casos que así se requiera.

Contacto con los Ángeles

Los casos narrados en la introducción de este libro, así como los que se describen a continuación, nos muestran la extraña manera en que los Ángeles se comunican con nosotros, en los diferentes contextos de nuestra vida. Algunos de estos casos constituyen experiencias personales, otros provienen de testimonios narrados por sus protagonistas en sesiones de consulta espiritual. Fueron seleccionados, por razones didácticas, para tratar de explicar con mayor claridad, el espíritu implícito en los mensajes desarrollados en este trabajo. En la mayoría de los casos, los protagonistas de los mismos tienen factores comunes:

1. Han decidido mantener un estado armónico, pese a todas las vicisitudes cotidianas de la vida. Esta armonía les permite vibrar en la misma frecuencia de la Energía Cósmica Universal.

2. Vibrar en esta frecuencia les permite una comunicación bi-direccional más clara con dicha energía.

3. Tienen la certeza de que las decisiones divinas son justas, como lo son también las «extrañas maneras» en que fluye la energía para solucionar los diferentes casos; por lo tanto tienen confianza en que lo sucedido es lo mejor que les ha podido pasar, pues están protegidos. En otras palabras, activan sin duda alguna «el conector» al hacer la petición.

4. Con la convicción anteriormente expresada creen ciertamente que la energía llegará, tal como sucede con la electricidad al encender una lámpara. Así como creen firmemente que ésta no fallará, se han acostumbrado a la seguridad en la Justicia Divina.

Los Ángeles guardianes

Alicia es una persona muy espiritual, no sólo estudiosa del mundo esotérico, sino practicante con el ejemplo en las actividades de ayuda al prójimo.

Desfallecían los rayos del día, dándole la bienvenida a la noche, cuando Alicia se dirigía en su vehículo hacia su hogar, como siempre, alegre y confiada en que siempre tenemos, aunque no lo podamos advertir a través de nuestros sentidos, la eterna compañía de los Ángeles.

Cambió la luz del semáforo y el tránsito se detuvo.

Dos hombres jóvenes irrumpieron en el vehículo de Alicia; el primero asumió la conducción del vehículo por la parte izquierda del mismo, empujando bruscamente a Alicia hacia en centro del asiento delantero; el segundo hombre abordó el automóvil por la parte derecha.

«¡Es un atraco, no grite!», vociferó en forma amenazante el nuevo chofer e inició la marcha, cuando cambió la luz del semáforo.

Alicia superó la sorpresa y comprendió que la situación de indefensión en la que se encontraba no podría ser manejada por ella misma. De inmediato procedió a solicitar ayuda a su Ángel Guardián y declarándose incompetente entregó a Dios el control de la situación, «pasó el conector» y confiada esperó los resultados. Tras varias respiraciones en las que visualizaba cómo con las exhalaciones expulsaba de su cuerpo los sentimientos de rabia, impotencia y desesperanza, a la vez que con las inhalaciones incorporaba a su cuerpo, paz, calma, amor y perdón hacia aquellos sujetos, que la amenazaban y maltrataban y que cada vez estaban más confundidos con la mirada bondadosa y llena de amor hacia ellos con que Alicia respondía a sus atropellos.

«¡Cambia esa cara de idiota!», gritaban a Alicia sus captores mientras discutían acaloradamente sobre su destino. El chofer conducía por un paraje solitario; él era partidario de abandonarla y quedarse con el vehículo, mientras que el otro no estaba de acuerdo y su propuesta era violarla, matarla y huir con el automóvil. La discusión se hizo cada vez más fuerte, ambos se gritaban y agredían verbalmente a tal punto que el chofer detuvo el vehículo dejándolo encendido. Ambos hombres salieron del mismo y se enfrascaron en una feroz lucha que les impidió percatarse cómo Alicia tomaba el volante y huía tranquilamente del lugar. Pudo mantener esa «extraña serenidad» hasta que estuvo a salvo, en cuyo momento al volver en sí, comenzó a sentir los embates de un gran nerviosismo.

Esa «extraña serenidad» fue el resultado de una incursión angélica. Esta intervención fue posible debido a la fuerza de esa meditación, basada en los sentimientos de paz, amor y sobre todo el más poderoso: ¡el perdón! Alicia recordaba después del incidente cuando Jesús en la Cruz imploraba: «¡Padre mío perdónalos, porque no saben lo que hacen» y este recuerdo la inspiró para pedir perdón para sus agresores «porque no saben lo que hacen». Ésta fue una gran demostración de amor que en el caso de Alicia sirvió de escudo protector. Amar a nuestros amigos es de gran valor, pero no tiene comparación con el precio que tiene amar a nuestros enemigos.

Los Ángeles en la familia

Recuerdo cuando comentaba con mi esposa Trina, la falta de motivación, por la que pasaba nuestro hijo adolescente Pedro Luis; nos preocupaba asimismo las críticas ácidas y acérrimas, sobre todo lo que lo rodeaba, las pésimas calificaciones en el colegio, las amenazas con abandonar el mismo, las malas amistades, la bajísima autoestima, todo lo cual encuadraba dentro de los elementos que forman parte de una severa crisis de la adolescencia, pero para nosotros era una angustia al observar cómo se creaba caldo de cultivo de situaciones indeseables para la vida de Pedro Luis. La comunicación entre él y nosotros estaba rota, pues cuestionaba todo intento de acercamiento, como manipulaciones para dominarlo, creando inútiles discusiones y generando a su vez un ambiente familiar sumamente tenso y por ende inarmónico. Decidimos declararnos incompetentes para manejar esta situación y dejar este asunto en manos de Dios. Activamos el «conector» con los Ángeles de la familia; sólo quedaba tener fe en que la energía se encendería.

Es importante dejarse guiar por los impulsos de la intuición y observar con detalle los acontecimientos posteriores a una solicitud de esta categoría.

Trina caminaba por la calle cuando, de repente se consiguió con una amiga que tenía tiempo sin ver y que la última vez que hablaron, manifestaba haber tenido un hijo con problemas similares a los de Pedro Luis. Su amiga le comentó con entusiasmo cómo los problemas de motivación de su hijo se habían resuelto a raíz de su participación en un programa de intercambio entre países.

Ante esta nueva posibilidad de estimular la motivación de nuestro hijo, lo invitamos, a conocer el plan de intercambio estudiantil en el exterior, involucrando también a su hermano Antonio José, que si bien no tenía esos problemas se interesó mucho en el tema.

Después de enterarse del plan y conocer algunos jóvenes extranjeros participantes en el intercambio, Pedro Luis quedó sumamente entusiasmado y se acercó para manifestarme su deseo de integrarse al plan. El problema esencial residía en que para optar a la preinscripción, debía cubrir un mínimo de calificaciones, requisito que estaba muy lejos de conseguir, toda vez que tenía casi todas las asignaturas aplazadas, con muy bajas calificaciones, lo cual lo dejaba, en la práctica, sin ningún tipo de oportunidad para optar por un cupo en el plan de intercambio.

En este momento se comenzó a sentir que la energía se encendía. Pedro Luis le solicitó a la coordinadora del programa que le diera una oportunidad de preinscribirse, a la vez que le prometió, con gran seguridad, que él recuperaría esas notas antes del período de selección. La coordinadora, impresionada por su fuerte determinación y obviando los exigentes requisitos formales, permitió esa excepción.

Pedro Luis tomando la iniciativa de enfrentar su nuevo reto, elaboró un plan de recuperación de sus asignaturas aplazadas. Concretamente en matemáticas consideraba que necesitaba la ayuda de un profesor particular y sólo confiaba en uno, quien debido a su gran demanda, sugirió como única alternativa disponible clases particulares, en su casa, en un barrio de gran peligrosidad, los domingos a las 6 de la mañana. Por ocho semanas, todos los domingos en la madrugada, llevé y recogí a mi hijo en la casa del profesor, atravesando oscuras calles, que a esa hora se encontraban prácticamente tomadas por jóvenes ebrios o drogados, quienes jamás pudieron contra la protección angélica que se había «conectado». Logra Pedro Luis de esta manera cumplir con el compromiso que él mismo se impuso para obtener el cupo tan ansiado.

Los Ángeles financieros

Como se esperaba la energía llegó; se cumplieron los requisitos que Pedro Luis se comprometió a realizar y se llevó a efecto su inscripción y también la de su hermano Antonio José, quien también estaba sumamente estimulado con el plan de intercambio. Surgió entonces otro problema: el financiero.

El precio del intercambio era de 5.000 dólares, por cada participante y nosotros no podíamos enfrentar económicamente este compromiso de 10.000 dólares.

Se nos planteó la siguiente situación. Por una parte Trina, como persona que tiene los pies bien puestos sobre la tierra, no consideraba factible el proyecto de intercambio, debido a la insuficiencia de recursos, para cubrir tal obligación. Por mi parte, gracias a mis experiencias y mis estudios acerca de los fenómenos de energía angelical, me declaraba totalmente optimista con respecto al proyecto.

En primer lugar, intuía que lo ocurrido hasta el momento era una manifestación de que la solución al problema de motivación de Pedro Luis estaba en marcha y que se debía de seguir confiando en la solución integral del mismo. El dinero vendría de cualquier manera. No podía quedar inconcluso. La energía divina es perfecta, integral. No sería justo solucionar el problema de Pedro Luis y crearse otro con su hermano, quien siendo un buen estudiante, también estaba entusiasmado con el intercambio. Era una lucha entre la realidad material y la realidad espiritual.

Trina, no muy convencida, pero esperanzada, accedió a seguir adelante. Lo que para ella significaba una «aventura», sin perspectivas ciertas, para mí significaba continuar con la «conexión» energética ya iniciada. Se canceló con ahorros efectuados durante mucho tiempo la mitad del costo del intercambio. En lo sucesivo se hicieron grandes aunque infructuosos esfuerzos para conseguir la mitad restante. Se superó lo que se llamaría una prueba de fe. El tiempo pasaba inexorablemente sin resultados positivos, las puertas parecían cerradas y así arribamos al momento en que debía realizarse el pago.

Llegué ese día a mi casa, observé que una de las piezas sanitarias del baño estaba descompuesta; pensé un instante sobre la posibilidad de solucionar este desperfecto «ahora» o dejarlo para el otro día, pues tenía en mi mente cosas más importantes que debía enfrentar. Pero «decidí» ir la ferretería en ese preciso instante.

—¡Hola! Soy Alfredo tu antiguo compañero de clases —miré sorprendido a Alfredo contestándole el saludo cerca de la puerta de la ferretería.

—¿Sigues estudiando? —me preguntó Alfredo. Le contesté que terminaba de hacer un postgrado en materia tributaria.

—¡Qué casualidad! Necesito consultarte algo de la materia —comentó Alfredo. Es así como éste me confiesa la angustia que sentía, por el hecho de estar concluyendo el período para cancelar los impuestos de su empresa y no encontrarse en posición de poder cumplir con esa obligación. Sucede que el joven contador de su empresa, recién graduado, había calculado erróneamente los respectivos impuestos, convirtiéndolos prácticamente en impagables para su pequeña organización. Alfredo me invitó a revisar los cálculos, donde se constataron importantes errores que afectaban apreciablemente el impuesto a pagar. Alfredo decidió que me encargase del asunto. «¿Cuántos son tus honorarios?», me preguntó. En este instante, le relaté el apremio económico por el que estaba pasando. De inmediato recibí de sus manos el cheque justo por el monto requerido y en el último momento.

Ambos muchachos Pedro Luis y Antonio José efectuaron de manera exitosa su programa de intercambio en Europa, enriqueciendo sus vivencias, madurando en sus vidas y aprendiendo cada uno dos idiomas adicionales, los cuales han sido claves en su futuro. Prueba irrefutable del cambio de Pedro Luis, son sus cartas enviadas desde Europa, que testimonian la solución integral de su problema de motivación ante la vida. Pero también nosotros, como padres, nos beneficiamos, al tener la oportunidad de convivir con dos «hijos» provenientes de otras culturas, con otras costumbres y otras creencias. Esta circunstancia nos proporcionó, la oportunidad de practicar la tolerancia y la convivencia entre culturas, tan necesarias en este convulsionado mundo. Junto con nuestros hijos dimos muestras de los resultados de una verdadera «aventura» espiritual.

Es sumamente importante en estos casos afinar la percepción, pues los mensajes que llegan por la vía de la intuición son muy suaves y pueden pasar desapercibidos. Cuando yo dudé si arreglar el problema que presentaba el baño, ahora o después, se estaba jugando la solución del problema principal. La primera alternativa que se presentó «ahora» era la decisión a tomar.

Existe una máxima mística que dice: «Lo que tengas que hacer, hazlo ahora mismo». Las normas de eficiencia rezan: «No dejes para mañana lo que puedes hacer hoy».

La misma recomendación es aplicable cuando por vía de la meditación se solicita orientación sobre la decisión que debas adoptar en un momento determinado. Habrá que desentenderse temporalmente del problema y estar alerta sobre la primera manifestación que llegue a la mente, pues ésta deberá ser la decisión a tomar. Lo recomendable es hacer la solicitud mediante una meditación antes de dormir, tratar de lograr el mayor nivel de tranquilidad y de paz posible, imprimir la suficiente fuerza y energía a la petición, desconectarse por completo del problema y confiar que al despertar, junto con la primera manifestación de conciencia, vendrá la respuesta adecuada. Recuerda que la precisión de ésta dependerá en gran medida de la calidad de la meditación con que se hizo la solicitud.

Los Ángeles se encuentran

El encuentro supuestamente casual de Alfredo fue realmente un encuentro causal. Ambos teníamos solicitada una «conexión» y fuimos totalmente satisfechos en nuestras aspiraciones. Aunque ninguno de los dos compramos nada, la ferretería fue un punto de encuentro «causal».

Los Ángeles justicieros

Ramiro había perdido todo contacto con su hijo Roberto, se había fugado por segunda vez de la clínica de desintoxicación de los efectos de las drogas. Había ubicado a Manuel, un amigo de Roberto y excompañero en sus andanzas por el mundo de las drogas. Manuel no sabía nada de Roberto, pero le suministró la identificación del traficante que los indujo, primero al consumo y posteriormente al tráfico de drogas. El sufrido padre acudió a las autoridades, donde denunció al perverso traficante, quien fue capturado, enjuiciado e inexplicablemente liberado.

El impotente y airado padre fue aconsejado por un par de amigos expolicías: la única forma de vengarse era tomar la justicia por sus propias manos y que ellos le ayudarían y le suministrarían un arma sin seriales, para que llevara a cabo el hecho. En ese momento de ira, Ramiro aceptó la sugerencia, localizaron al traficante, lo introdujeron violentamente en el automóvil de sus amigos y se alejaron del sitio.

En el camino Ramiro se sumió en profundas reflexiones, vino a su mente su pasado subversivo, se vio en combate en los campos guerrilleros, desfilaron por su mente uno por uno los enemigos que cayeron muertos víctimas de sus ataques. También recordó cómo después de abandonar la lucha armada su vida se transformó y abandonó las inútiles y feroces ideas materialistas y abrazó las hermosas y constructivas ideas espirituales. Ante la inminencia de los acontecimientos, la confusión de sentimientos se apoderó de su ser. Podía soportar la visión de sus enemigos muertos en combate, pero no la idea de matar a sangre fría a ese infeliz traficante, aunque hubiera destruido la vida de su hijo.

Trató de convencer a sus amigos, sobre la posibilidad de perdonarle la vida al delincuente. La respuesta fue tajante: «¡A estas alturas, si lo dejamos vivo, los muertos seremos nosotros. No hay otra alternativa, tienes que matarlo!». Ramiro estaba acorralado y sin salida.

Se tranquilizó, entró en meditación y reconociendo que no podía solucionar satisfactoriamente para él este problema, le encomendó su solución a los Ángeles de la justicia. Repentinamente, el conductor perdió el control de vehículo y éste se estrelló contra un poste del alumbrado; en la confusión el traficante escapó. Cuando Ramiro y sus amigos se recuperaron y salieron del destrozado automóvil, se percataron de que el traficante en su veloz huida había sido atropellado por otro vehículo y su cadáver yacía en la mitad de la vía.

Tanto en este caso con Roberto, como en el caso anterior con Pedro Luis, se puede apreciar un factor común: ambos jóvenes eran adictos a escuchar rock ácido y precisamente aquellas canciones que envían nefastos mensajes tanto directos en la música como de carácter subliminal. Afortunadamente para Pedro Luis, mediante la utilización de la automotivación, logró superar esos sentimientos de minusvalía y enrumbarse por el camino del éxito. No así fue el caso de Roberto, quien desafortunadamente desembocó en el camino de la locura.

Los Ángeles compinches

Jesús se encontraba caminando por la calle cuando observó, a su derecha, un obrero que operaba un taladro-martillo, con el que rompía el asfalto de una concurrida avenida. A su izquierda se acercaba un vehículo que salía en esos momentos de un estacionamiento. También a su izquierda pudo observar un puesto de venta de periódicos y revistas, llamando su atención los senos gigantescos que exhibía la modelo que adornaba la portada de una revista, lo cual capturó su atención por unas fracciones de segundos. De repente, el automóvil pisó la manguera que surtía de electricidad al taladro-martillo, sacando a éste violentamente de las manos del operador, rozando por milímetros el pecho de Jesús. La diferencia la hizo esas fracciones de segundo que retuvieron la atención de Jesús, en la portada de la revista.

Los Ángeles utilizan «cualquier» elemento efectivo para lograr sus objetivos. Particularmente lo considero como un ejemplo de la protección automática y de la participación del Ángel «compinche», toda vez que es muy probable que la portada de la revista ni siquiera llamara la atención a otra persona; sin embargo, el conocimiento que el Ángel «compinche» tenía de la personalidad de Jesús, hizo posible que el elemento usado pudiera capturar su atención, por un lapso de tiempo suficiente para salvarlo del peligro.

Los Ángeles de la salud

José, enfermo de diabetes, se sentía frustrado al oír de boca de su médico tratante (sin enterarse éste) cuando se dirigía a otra persona en estos términos: «Mi relación con mis pacientes es estrictamente comercial; quien no quiera o no pueda pagarme no será mi cliente».

Debido al equivocado tratamiento médico que recibía estaba totalmente descompensado a punto de un coma diabético, últimamente perdía peso en forma progresiva, sentía falta de energía y llevaba varios días sufriendo de estreñimiento y un fuerte dolor de estómago, lo que obligó a su hospitalización. Se le practicaron todos los exámenes necesarios para determinar su verdadero estado. Había transcurrido cerca de una semana y en vista de que no había reacción del aparato digestivo, el médico tratante convoca para el día siguiente una junta médica para decidir cuándo se efectuaría la inevitable operación quirúrgica. Según los comentarios médicos en gran parte de los casos similares, los resultados no eran alentadores.

Esa noche José solicitó la ayuda del Ángel de la salud y en medio del ambiente, frío de un hospital, meditó de esta manera: «¡Dios mío!, si es tu voluntad llevarme, contra ella no hay poder alguno. Pero si depende de mi voluntad de luchar por la vida y aunque me siento débil y sin energía, Tú, con tu poder y con el de todos tus Ángeles me ayudarán, y me proporcionarán toda la energía necesaria para luchar por mi salud». Se durmió activando el «conector»; se requería esperar con fe, que se «encendiera» la energía.

En la madrugada José se despertó, con insoportables dolores de estómago y tal como un bebé, se dirigió gateando hacia los sanitarios del hospital, apreciaba una doble sensación, por una parte sentía como si un cuchillo abría su abdomen y por la otra la felicidad de haber sido oído, de sentir que la energía se había «activado».

Ante la reacción positiva, se suspendió la planeada operación. Al salir del hospital, «causalmente» se relacionó con una doctora especialista, quién con un certero tratamiento logró en poco tiempo estabilizar el manejo de su diabetes.

Los Ángeles con los niños

A decir verdad, las personas que se relacionan con los Ángeles con mayor facilidad y frecuencia, son los niños, sobre todo los menores de 7 años. De hecho si los observamos cuando están jugando, los niños conversan solos, y muchas veces cuentan historias increíbles de sus «aventuras», la mayoría de estos casos son conversaciones con los Ángeles. Es importante comentar el nivel de inocencia que poseen los niños que le permite sintonizarse fácilmente con los Ángeles. No olvidemos lo que el Maestro Jesús decía: «Dejad que los niños vengan a mí, porque de ellos es el reino de los cielos».

A medida que los niños superan los 6-7 años van entrando en la conciencia de sí mismos como personas y van perdiendo estas facultades.

Justamente Rubén Darío tenía esa edad límite, y se encontraba conduciendo su bicicleta, en una calle muy inclinada al lado de su casa. Los niños se ubicaban en la parte alta de la calle y esperaban que una persona, generalmente adulta, les informara la ausencia de vehículos en el cruce de la parte baja de la calle, para que ellos se lanzaran en sus bicicletas, alcanzando cierta velocidad. Aquel día por el impulso de los niños, acordaron nombrar a otro compañero como guía, sin esperar la presencia de un adulto. Este niño guía, como todos los de su edad, se distrajo fácilmente en sus labores de vigilante y no alertó a Rubén Darío sobre el peligro que significaba un vehículo que se aproximaba a toda velocidad. El ciclista, confiado en su guía, bajaba velozmente en su bicicleta, cuando oyó una voz que le decía: «¡Detente Rubén!» y como Rubén Darío no comprendía el peligro por el que estaba pasando, sintió de repente que alguien lo sujetó y lo derribó de la bicicleta, el incidente evitó que él chocara directamente contra el automóvil, que en esos momentos pasaba por la intersección.

Otro caso con niños lo vi en un canal de televisión y por lo increíble del mismo consideré conveniente citarlo para efectos reflexivos con respecto a lo que significa la protección divina, en esta ocasión orientada hacia los niños.

Un chico pierde el control y se precipita al vacío desde la parte alta de un edificio. Sus familiares acuden a auxiliarlo, presintiendo lo peor. Después de los exámenes médicos, se determinó que estaba en perfecto estado. Posteriormente, él mismo, describe a su madre, mediante un dibujo, la presencia de un Ángel, quien al sujetarlo en su caída, anula de manera sorprendente los efectos de un golpe que, en otras circunstancias, le hubiera producido fatales consecuencias. La «intervención angelical» queda como la única explicación posible de este fenómeno.

Los Ángeles negocian

Carlos, un famoso artista de los años 70, contaba en la televisión, un interesante caso que le sucedió, cuando solicitaba la ayuda angelical, concretamente de Metratrón, para que lo ayudara a convencer a alguna productora, y le permitieran grabar y mercadear sus nuevos trabajos. Todos los productores visitados, alegaban que habían pasado 30 años de sus éxitos y que los nuevos gustos de los jóvenes, requerían gente nueva y nuevos estilos.

Carlos intuitivamente recibió el mensaje en el que se le informaba que obtendría el éxito solicitado y que posteriormente por la misma vía se le haría llegar una petición angelical a cambio. En efecto, el éxito no se hizo esperar, recibiendo la compensación anímica y económica anheladas. Cuando menos lo esperaba, Carlos recibió la petición angelical negociada. Él reconoció públicamente, que en su época infantil fue abusado sexualmente. Con este valiente acto, pagaba su compromiso con los Ángeles y a la vez, alentaba a las numerosas víctimas de abuso sexual y violencia familiar, a denunciar públicamente estos actos, para tratar de evitar que esos aberrantes hechos se cometan con otras personas.

Los Ángeles saben interpretar nuestras necesidades

Arturo pasaba por una mala situación económica, vivía en una casa alejada del transporte público, él y su esposa tenían dos viejos vehículos, con más de 20 años de uso, los cuales constantemente estaban en el taller. Siguió al pie de la letra las instrucciones de su maestro, se visualizó conduciendo en el estacionamiento de su propia casa un automóvil compacto nuevo, color vino tinto y de su propiedad. Hoy en día tienen una camioneta nueva color vino tinto y otro compacto también nuevo color verde de su propiedad.

En ciertos momentos hubo apremios en la cancelación de las cuotas, pero siempre fueron dificultades superables. Se dieron los vehículos y los recursos para cancelarlos. La solicitud fue cubierta pero multiplicada por dos, la necesidad real era de dos. Los Ángeles están más cerca de lo que nosotros creemos.

Resalto el detalle de la propiedad, porque para esa misma época, Edgar hizo similar solicitud, pero como él mismo reconoce, se visualizó tan sólo conduciendo un automóvil con determinadas características, cosa que más tarde sucedió, cuando por razones de su trabajo tuvo que alquilar un vehículo, coincidencialmente similar al solicitado, pero no de su propiedad.

Los Ángeles propician el perdón

Gerardo sentía un profundo odio hacia su padre Jorge. Lo curioso del caso era que jamás lo conoció por el hecho de haber fallecido éste, antes del nacimiento de Gerardo. Desde pequeño había sufrido severos y constantes trastornos en el aparato digestivo cuyo origen nunca fue determinado por los médicos y menos su tratamiento efectivo.

Gerardo soportaba una intensa lucha entre sus convicciones espirituales y el indomable sentimiento de odio hacia su padre. De sus meditaciones, surgió la idea de recurrir a una sesión de hipnosis regresiva, tratando de descubrir la causa de su problema. El resultado fue asombroso. La terapia regresiva ubicó a Gerardo en el vientre de su madre y en grabación, que se hizo de la regresión, se podía oír, en la boca de Gerardo, pero con un tono femenino las siguientes, exclamaciones: «!No, Jorge apártate, por favor, me estás violando, no me golpees, me estás haciendo daño!».

Gerardo llevó la cinta reproductora y se la hizo escuchar a su madre, quien enmudeció al reconocer su propia voz y recordar claramente, las palabras grabadas, cuando embarazada de Gerardo, suplicaba a Jorge su negativa a sus requerimientos sexuales.

Identificado el problema se agigantó el ya existente sentimiento de odio. Solicitó de nuevo la ayuda angelical, la cual no sugirió otra cosa que el perdón. Utilizando toda su fuerza interior y basado en su ya nombrada formación espiritual, se impuso la dura pero reconfortante decisión de perdonar a su padre. Al reconciliarse consigo mismo, no sólo desaparecieron sus trastornos digestivos, sino que se le ampliaron los horizontes de su desarrollo tanto espiritual como material.

Típico ejemplo de cómo las vibraciones negativas de un sentimiento tan nefasto como el odio no sólo bloquean el desarrollo espiritual de un individuo, sino pueden llegar a impactar el funcionamiento físico del mismo. El ejemplo también muestra el poder de liberación espiritual que lleva consigo el perdón.

Otro caso digno de reflexión es el de Luis, quien al observar los trágicos sucesos de New York y del Pentágono, el fatídico e inolvidable 11 de septiembre del 2001, sintió el tenebroso sentimiento de alivio que produce la venganza, a pesar de ser una persona con buena formación espiritual. Esta situación sumió a Luis en un mar de confusiones, llegando a la conclusión de que no se sentía con energía suficiente para comprender y menos para solucionar este conflicto. Por lo cual recurrió a la meditación y a dejar en manos superiores este difícil problema.

Por esta vía se le sugirió una hipnosis regresiva, donde se vio en una vida pasada vestido de árabe junto a un grupo de fundamentalistas islámicos, en una guerra por motivos religiosos. Sentía el odio que sus guías religiosos habían sembrado en su alma contra los infieles. Sentía vergüenza ante Dios, por haber aceptado como divinos los bajos sentimientos de odio, resentimiento y venganza, que aquellos equivocados líderes le habían hecho creer, en nombre de Alá. Necesitaba reconciliarse consigo mismo y con Dios; requería su perdón y perdonarse a sí mismo, por no entender su magnificencia. Dios es amor y paz y está por encima de errados conceptos fraticidas, de aquellos que en su nombre promueven la intolerancia religiosa.

Pero el perdón tenía que ser total; asimismo pidió perdón por aquellos errados guías, así como para sus odiados enemigos.

Después de sentir en su corazón la verdadera fuerza del perdón, Luis volvió a recuperar la paz que anhelaba.

En este ejemplo se aprecia cómo factores provenientes de vidas pasadas, pueden influir en nuestro equilibrio espiritual, así como el efecto liberador que el perdón total puede generar hasta en situaciones no creadas conscientemente por nosotros mismos en nuestra vida actual.

Otro tanto le sucedió a Guillermo, quien sentía un fuerte resentimiento y odio contra su padre y contra los blancos en general; a su vez sufría de recurrentes graves e incurables problemas de la piel, los cuales desaparecieron después de la aplicación del perdón total, luego de enterarse, por la misma vía de la hipnosis regresiva, que en otra vida él fue un esclavo negro y su padre un blanco cruel y esclavista.

Los Ángeles trabajan en conjunto con espíritus no reencarnados

Federico había sido víctima de un fraude por parte de su socio José Alberto, quien lo había dejado en la ruina, después de dedicar toda su vida a la fracasada empresa. Por esta razón Federico había jurado dar muerte a José Alberto donde lo viera.

Federico encontró la oportunidad de vengarse de su socio, una noche cuando creyó verlo a la salida de una estación de transporte de pasajeros. Lo siguió por oscuros parajes, esperando el momento en que no hubiera testigos, pero éstos aparecían siempre en grupos de cuatro o cinco, imposibilitando la acción del vengador. Finalmente la víctima llega a su casa donde lo esperaba su madre Gladys, quien encendió la luz, lo cual permitió a Federico ver la cara del perseguido y justamente cuando se disponía a actuar, se percató del asombroso parecido físico de la persona a la cual seguía, con su odiado socio José Alberto. La persona equivocadamente perseguida era Ramón, el hijo de Gladys. Coincidencialmente Federico reconoció a Gladys, como una antigua amiga.

Aclarada la confusión Federico dio gracias a Dios por los Ángeles, de apariencia humana, que siempre acompañaron a Ramón, algunos de los cuales fueron vistos también por Gladys, pero no por el propio Ramón, quien en todo momento negó haber sido acompañado por tales seres. Uno de éstos, conocido por Gladys, negó al día siguiente, haber transitado por ese lugar la noche del suceso. La lección recibida por Federico por este trabajo angélico, cambió por completo la visión espiritual de su vida, borrándose por completo los sentimientos de odio y venganza y ayudándolo posteriormente a rehacer prósperamente su vida. Por su parte Ramón recibió la protección angelical requerida en el momento y en el sitio oportuno.

Gladys declaró ser devota de las Ánimas, a quienes encomendaba la custodia de su hijo Ramón cuando por la noche regresaba de la universidad. Las Ánimas son espíritus que se separaron del cuerpo humano en el momento de su muerte y que se encuentran el plano etéreo, preparándose para volver a reencarnar en futuras vidas, cumpliendo el plan kármico, hasta lograr su completa evolución espiritual.

Como se mencionó anteriormente, cuando se invoca a las Ánimas o a cualesquiera Entes Espirituales, tales como Ángeles, de cualquier jerarquía, Santos, Hermanos Mayores, Maestros Ascendidos, Seres de Luz, Espíritus Superiores o Entidades con poderes curativos, aunque en algunos casos inexplicablemente no hayan sido reconocidos por las autoridades religiosas, también se está invocando indirectamente a la ayuda divina y a la ayuda angelical, en razón a que la Justicia Divina es universal e integral.

Los Ángeles trascienden los límites del espacio y del tiempo

María se quedó accidentada una noche en una carretera solitaria. De repente apareció una extraña pareja de campesinos, quienes la ayudaron a reparar temporalmente su automóvil y a continuar la marcha.

Al llegar al pueblo más cercano, se dirigió a la estación de policía para solicitar información sobre un técnico mecánico para solucionar definitivamente el desperfecto del vehículo, entró a la estación y vio una vieja fotografía de una pareja que curiosamente coincidía con los campesinos que la habían socorrido. Al preguntar por los personajes de la foto, se quedó sorprendida, cuando se le informó que se trataba de los fundadores de ese pueblo en el año 1800. De inmediato entendió la razón de la extraña vestimenta y el lenguaje antiguo usado por dichos campesinos.

Los Ángeles utilizan a los seres humanos como canales de expresión de su energía

José Antonio y Cristina regresaban de su trabajo y se encontraban atascados en el tránsito común de las grandes ciudades. Era de noche y llovía. En ese momento divisaron una camioneta accidentada y vieron como su propietaria desesperada trataba afanosamente de encenderla. En el interior del vehículo se encontraba una niña llorando. Ambos José Antonio y Cristina decidieron ayudar a la angustiada señora, quien manifestaba, que no tenía dinero, ni podía comunicarse con su esposo para pedir auxilio. Una vez recibida la ayuda y solucionado el problema, en el momento de despedirse, la niña le comunicó a su madre: «¡Mira mamá observa, ellos son unos Ángeles!». Muchas veces sin darnos cuenta, cualquiera de nosotros puede haber sido utilizado como canal de ayuda hacia nuestros semejantes, con la mágica dirección de los Ángeles. Revisa tus experiencias. Tú mismo puedes tener casos que contar.

Complot Angélico Para tu Prosperidad y Felicidad

¡Atrévete a Conspirar!

Habrás advertido la estrecha relación que existe entre realizar tu misión y lograr tu felicidad. A simple vista quizás no sea fácil, pero si lo analizas profundamente, llegarás a la conclusión de que se trata de lo mismo. Tu misión de lograr evolución personal pactada con Dios, no podrá conducirte a otro camino que no sea la felicidad, el regalo divino por excelencia.

Por otra parte los Ángeles han advertido tu inconformidad con la autoevaluación que te has practicado y que te han motivado a planificar la transformación necesaria para lograr tu misión de evolución espiritual.

Ante esta nueva situación los Ángeles llenos de júbilo y alegría se han declarado en emergencia y han decidido conspirar con todos sus recursos y energía en un complot para allanar los caminos hacia tu prosperidad y por ende hacia tu felicidad.

Estarás presenciando una singular batalla entre tu ego quien presintiendo su destierro, sacará a relucir sus últimas armas e intentará cuestionar tanto la validez de tu misión, como la interpretación de tu nuevo concepto de felicidad; atacará fuertemente tratando de imponer sus falsas percepciones.

Los Ángeles no responderán, están seguros de su posición y de su triunfo.

Acudirán al llamado a complot, todos los Ángeles o energías necesarias para el éxito de tu misión. Los Ángeles de la familia y de la amistad para darte el apoyo afectivo que necesitas. Los Ángeles de la salud para restaurar esas bajas de energía que hayas podido sufrir. Los Ángeles de la sabiduría, aportando todo su conocimiento para tu causa. Los Ángeles de la creatividad, despertando ese genio dormido dentro de ti, propio de los Hijos de Dios. Los Ángeles de la comunicación estableciendo todas las relaciones humanas requeridas para tus planes. Los Ángeles financieros facilitando los medios materiales necesarios para los fines propuestos. Los Ángeles de la planificación coordinando las oportunidades en el momento y lugar preciso y por último y no menos importante los Ángeles guardianes, quienes estarán a cargo de tu seguridad, para que tus proyectos lleguen a feliz término.

Sólo falta alguien en este complot. Sólo faltas tú para llevar a cabo el milagro más grande del mundo: tu prosperidad y tu felicidad.

Éste es el regalo de los Ángeles para ti. Dios dijo: «¡Ayúdate que yo te ayudaré!».

Dios te creó a Su imagen y semejanza. Por lo tanto tienes el mismo poder creador.

Pero debido al cierre de tus energías, has creado pobreza o infelicidad en tu mente. Borra tus falsas creaciones.

Proyecta prosperidad y la felicidad para ti.

No te desesperes, recuerda que existen diferentes conceptualizaciones de los términos tiempo y espacio. Mientras en el mundo material queremos que las proyecciones y deseos se realicen aquí y ahora, en el mundo espiritual está determinado que se realizarán en el tiempo y momento oportunos. No olvides la máxima: «Cuando estés preparado aparecerá el Maestro»; la semilla sólo germinará en suelo fértil.

No te deje llevar por la impaciencia; ésta siempre conspirará contra tu fe.

No importa tu condición social, sexo, raza, creencia religiosa, o posición política, no importa tus errores pasados, comunícate con tus Ángeles, siguiendo los pasos, anteriormente expresados.

Descubre los dones, que Dios te regaló (que absolutamente todos los tenemos); descubre esos sentimientos que bloquean tu energía, combátelos con las armas, que los mismos Ángeles te harán llegar.

Emprende la acción, focaliza y visualiza tus peticiones, es decir, enciende el «conector».

> Vive con emoción la cadena mágica que te
> conducirá a degustar sobriamente la prosperidad:
> Siembra pensamientos positivos y cosecharás acciones positivas.
> Siembra estas acciones y cosecharás hábitos.
> Siembra estos hábitos y cosecharás tu destino.
> Siembra este destino y cosecharás tu prosperidad.
>
> Embriágate con el dulce néctar de la felicidad:
> Siembra perdón y cosecharás amor.
> Siembra amor y cosecharás tu felicidad.

Finalmente, la Energía Cósmica, ese ejército de Ángeles que esperan por tu decisión, se volcarán a tu lado; como bien dice Paulo Coelho, «conspirarán» a tu favor, en un mágico complot para obtener tu prosperidad y tu felicidad. ¡Está hecho!

Bibliografía sugerida

A continuación, sugiero entre otros, algunos títulos, que pueden enriquecer el camino hacia la paz y a la conexión divina.

ANODEA, J. *Los chakras*. Barcelona. Ed. Martínez Roca. 1999.

BRENNAN, B. *Manos que curan*. Barcelona. Ed. Martínez Roca. 2000.

CHOPRA, D. *El perdón: cien reflexiones*. Bogotá. Editorial Norma. 2001.

_________. *Las siete leyes espirituales del éxito*. Bogotá. Editorial Norma. 1995.

COELHO, P. *El Peregrino de Compostela: Diario de un mago*. Barcelona. Editorial Planeta. 1999.

_________. *El alquimista*. Barcelona. Editorial Obelisco. 1998.

CUTLER, H.C. *Dalai Lama con Howard C. Cuttler: El arte de la felicidad*. Barcelona. Grijalbo Mondadori. 1999.

DANIEL, A. y otros. *Descubre a tus Ángeles*. Buenos Aires. Javier Vergara Editor. 1993.

Foundation for Inner Peace. *Un curso de Milagros*. [s.l] Foundation for Inner Peace. 1992.

GOLEMAN, D. *La inteligencia emocional*. Buenos Aires. Javier Vergara Editor. 1996.

HAN, Syee. *Cómo mejorar tu autoestima*. Madrid. Editorial Océano. 2000.

HARISH, Jojhan. *Chakras*. Destiny Books. 2000.

HART, Luise. *Recupera tu autoestima*. Barcelona. Editorial Obelisco. 1998.

HAY, Luise. *El poder está dentro de ti*. Ed. Urano. 1995.

KAPP, M.W. *Las glándulas, nuestros guardianes invisibles*. México. Editorial Rosacruz S.C. 1968.

LEADBEATER, C. W. *Los Chakras o los centros magnéticos vitales del ser humano*. Buenos Aires. Editorial Kier. 1977.

LEWIS, H.S. *Las mansiones del alma*. México. Biblioteca Rosacruz. 1996

_________. *El dominio del destino con los ciclos de la vida*. México. Biblioteca Rosacruz. 1995.

_________. *Principios rosacruces para el hogar y los negocios*. México. Biblioteca Rosacruz. 1994.

_________. *Misión cósmica cumplida*. San José de California. Gran Logia Suprema de AMORC. Inc. 1966.

MÉNDEZ, Conny. *Metafísica al alcance de todos*. Caracas. Ediciones Giluz, 2004.

PAPUS. *La reencarnación: la evolución física, astral y espiritual el espíritu antes del nacimiento y después de la muerte*. Barcelona. Edicomunicación. S.A. 1986.

_________. *Alquimia que no murió*. Buenos Aires. Editorial Kier, S.A. 1977.

PENNY-BAKER, M.E. *La meditación: un paso al más allá con Edgar Cayce*. México. Editorial Diana. 1973.

RAMÍREZ, R. y otros. *El rock como agente que altera la conducta de los seres humanos*. Caracas. 2004.

TRISMEGISTO, H. *El Kybalion: Estudio sobre la filosofía hermética del Antiguo Egipto y Grecia*. Madrid. Edaf, S.A. 1995.

VALIDIVAR. *Susurros del Ser*. San José de California. Gran Logia Suprema de AMORC, Inc. 1978.

Otras publicaciones de esta editorial:

Conny Méndez:

Obras originales: *Metafísica al Alcance de Todos* (versión en Inglés: *Metaphysics for Every One), Te Regalo lo que se te Antoje, El Maravilloso Número 7, Quién es y Quién fue el Conde de St. Germain, Piensa lo Bueno y se te Dará, Metafísica 4 en 1 (Vol. I y Vol, II)* (versión en Inglés: *Power Through Metaphysics, Vol. I y Vol. II), El Nuevo Pensamiento, ¿Qué es la Metafísica?, El Librito Azul, Un Tesoro Más para Ti, La Voz del Yo Soy, La Carrera de un Átomo, Numerología.*

Traducciones: *El Libro de Oro de Saint Germain, Misterios Develados, Los Secretos de Enoch* (por Luisa de Adrianza), *La Mágica Presencia, Palabras de los Maestros Ascendidos.*

Varios: Autobiografía/humor/caricatura: *La Chispa de Conny Méndez*; Música (CD's): *Cien Años de Amor y Luz, Conny Méndez Instrumental, La Cucarachita Martina* (para niños), *Imágenes Románticas* (interpretación de María J. Báez).

Otros autores:

GUERRA, CONCHITA .... *Oraciones Angélicas (I y II), Tú Puedes Ser un Ángel, Los Ángeles y los Niños.*

ROZO, LUZ STELLA .... *Decreta tu Éxito, Revelaciones Angélicas, Vol. 1, La Felicidad, Los Ángeles a Través de la Biblia, Los Ángeles de la Navidad, Miguel Príncipe de los Imposibles, Los Ángeles de la Prosperidad la Abundancia y el Suministro, Nueva Forma de Comunicación con los Ángeles, El Oráculo de los Ángeles, Decretos de Prosperidad, Decretos de Salud, Un Decreto Para Cada Día, Mundo de Ángeles*, Éxito sin Límites*, Vidas Eternas, El Poder Milagroso de los Salmos*.*

* Llewellyn en Español, St. Paul, MN, USA.

LOERO, LUIS Y VALERO, MARCELO .... *Prohibido Envejecer, Guía Esotérica y Metafísica, La Verdad Científica y Esotérica Acerca de Los Chakras, Tres Verdades Metafísicas, No Te Niegues a Ti Mismo, El Espíritu de Navidad, Los Cristales y el Signo del Mes* (12 libros).

MAYENRIE V. AVENDAÑO .. *Conexión con las Aves.*

POWERS, FAITH G. .... *Shh... El Secreto es, El Cielo y Tú, ¿Abundancia o Escasez?... Esa es la Pregunta.*

GARCÍA, JUAN C. .... *La Vida del Metafísico, Pequeña Tierra.*

QUIROZ, MARÍA .... *Adelgazar en Armonía con el Universo.*

EDWARD, VIOLA .... *Breathing the Rhythm of Success.*

LARRAZÁBAL, O. .... *La Virgen de la Escarcha La Rosa Mística.*
LÓPEZ V., ANTONIO .... *Usted es Más Grande de lo que Cree.*
CEDEÑO, RUBÉN .... *Los Siete Rayos, Su Majestad Saint Germain.*
METAFÍSICA .... *Decretos (Del Fuego Violeta La Ley del Perdón), El Propósito de la Actividad «Yo Soy» de los Maestros Ascendidos, Decretos de la Victoria (Victory).*
SÁNCHEZ, NÉSTOR J. .... *Venezuela La Nueva Jerusalem.*
AFONSO, ADALBERTO ..... *En los Predios Interiores.*
MALET, DIEGO .... *Religión y Ciencia en Armonía.*
VALLEISE, MARÍA .... *Contaminación.*

Índice

Se terminó de imprimir
en el mes de septiembre de 2005
en los Talleres de Editorial Melvin,
Caracas, Venezuela